ANTJE WILKENING

Maskenbildnerei und Schminken fürs Theater

ANTJE WILKENING

Maskenbildnerei und Schminken fürs Theater

Bühnencharaktere
von der Antike
bis zur Gegenwart

Grundtechniken
und Spezialeffekte

Mit Schritt-für-Schritt-
Abbildungen

Mit Fotografien
von Kerstin Hagge

Inhalt

Einleitung 6

Die Ausrüstung – was gebraucht wird

Der Arbeitsplatz 7

Pinsel, Schwämme & Co. ... 8

Pinsel 8
    Puderpinsel 8
    Schminkpinsel 8
Schwämme 8
Bürsten und Kämme 9
Abschminkhelfer 9
Ordnungshelfer 9

Schminkmaterialien zum Grundieren 10

Fettschminken 10
Nass- oder Aquaschminken ... 11
Kompaktschminke
    Cake-Make-up 11
Flüssige Grundierungen 11
Spezialgrundierung für Gummi-
    plastiken 11
Gelartige Schminken 11

Schminkmaterialien zum Schattieren 12

Augen-Make-up 12
    Lidschatten 12
    Mascara 12
    Eyeliner 12
    Dermatographen 12
    Kajal 12
Lippen-Make-up 13
Wangen-Make-up 13

Theorie zum besseren Verständnis

Etwas Anatomie 14

Der Schädel 14
    Hervortretende Partien ... 14
    Vertiefungen 15
Die Hand 15

Etwas über Farben 16

Allgemeines 16
Beim Schminken 17

Etwas über Licht und Schatten 17

Licht und seine Wirkung 17
    Licht ohne Filter 17
    Licht mit farbigen Filtern .. 17
Schatten und seine Wirkung ... 19

Schminktechnische Grundlagen

Vor dem Schminken 20

Die Grundierung und das Abpudern 20

Das Augen-Make-up 21

Die Augenbrauen formen 21
Die Wimpern tuschen 21
Den Lidschatten auftragen .. 22
Den Lidstrich ziehen 22

Das Lippen-Make-up 23

Das Wangen-Make-up ... 23

Maskenbildnerisches Arbeiten

Veränderungen des Gesichts durch Schminken 24

Die Gesichtsfläche 24
    Das volle Gesicht schmaler
    schminken 24
    Das eingefallene Gesicht
    voller schminken 24
    Sonderfall: die hohle Wange
    im Alter 25
    Sonderfall: die Couperose .. 25
Die Augen 26
    Augenlider asiatisch 27
Die Augenbrauen 27
    Methode 1: Wegseifen ... 27
    Methode 2: Abkleben ... 27
Die Nase 28
    Schattieren 28
    Nasenstöpsel einsetzen .. 28
Der Mund 29
Die Zähne 29

Veränderungen mit Haarteilen und Glatzen 30

Künstliche Wimpern 30
Haare und Perücken 30
    Haare färben 31
    Perücken 32
Bärte 33
    Das Anfertigen von Bärten .. 33
    Das Anbringen von Bärten .. 34
    Stoppelbart 35
Glatzen 36
    Die Herstellung einer Glatze . 36
    Das Aufsetzen der Glatze .. 37

Veränderungen durch dreidimensionales maskenbildnerisches Arbeiten 38

Künstliche Teile 38
Plastische Massen 39
   Nasen 39
   Wunden 40
   Narben 42
   Verbrennungen 43

Maskenbildnerische Veränderungen beim Altern 44

Altern von Gesicht und Hals ... 44
   Faltenverläufe in der
     oberen Gesichtshälfte 44
   Faltenverläufe in der
     unteren Gesichtshälfte.... 44
   Faltenverläufe am Mund
     einer Frau 45
   Faltenverläufe am Mund
     eines Mannes 45
   Faltenverläufe am Hals 46
   Besonders alte Haut
     schminken 46
Älter schminken der Hände ... 47

Exkurs: Schminkplan und Legende zu den Schminkskizzen 48

Galerie charakteristischer Masken

Altersmasken

Eine 50-jährige Frau 50
Eine 75-jährige Frau 52
Ein 50-jähriger Mann 54

Gesichter fremder Völker

Eine Schwarzafrikanerin 56
Eine Inderin 58
Eine Asiatin 60
Ein Araber 62

Besondere Charaktere und Typen

Ein Benediktinermönch 64
Ein Clochard 66
Der Medizin-Professor 68
Der Mafioso 70

Historische Masken

Der Neandertaler 72
Die Ägypterin 74
Die Römerin 76
Der geharnischte Ritter 78
Eine edle Barockdame 80
Ein edler Barockherr 82
Die Charleston-Lady 86
Hollywood 40er Jahre 88
60er Jahre-Glamour 90

Masken aus Fantasy, Märchen und Musical

Ein dämonischer Teufel 92
Ein hanswurstiger Clown 96
Der blaue Alien 98
Merlin, der Zauberer 100
Der Zwerg 102
Die Katze aus »Cats« 104
Die Bodypainting-Waldfee 107
Die Königin der Nacht 110
Die böse Hexe 112

Travestie-Masken

Die Drag Queen 114
Eine Frau wird Mann 116

Sachregister 118

Impressum / Danksagung 120

Einleitung

Das Theater ist eine Welt der Illusionen. Diese Illusion wird in erster Linie perfekt, wenn die Schauspieler besonders überzeugend ihre Rolle spielen. Es reicht aber nicht, wenn sie ihren Text tadellos beherrschen und Mimik und Gestik vollendet sind. Zu einer perfekten Rolle gehört auch das Bühnengesicht, die Maske. Sie unterstützt den Schauspieler bei seiner Arbeit, unterstreicht die Mimik oder überzeichnet sie sogar.

Um eine Maske herzustellen, bedarf es nicht nur einiger kosmetischer Produkte wie der Schminke, sondern auch künstlicher Zusätze wie z. B. falscher Wimpern, Bärte und Perücken.

Die Kunst des Schminkens ist fast so alt wie die Geschichte der Menschheit und hatte ursprünglich eine rein rituelle Funktion – die Schminkgesichter der Naturvölker sollten Dämonen abschrecken, Krankheiten heilen, Recht sprechen und Fruchtbarkeit garantieren. Der Geschminkte stellte sich nicht nur in seiner Maske dar, er wurde ganz und gar zu ihrer Verkörperung.

Zur Verschönerung und Verjüngung sowie als Statussymbol hat die Kunst des Schminkens bereits bei den Sumerern und bei den alten Ägyptern gedient. Die ältesten kosmetischen Rezepturen wurden auf Papyrus 1500 v. Chr. festgehalten. Gelbfarbiger Ocker in Schminken und als Gesichtspuder, roter Ocker und Henna als Rouge für Wangen, Lippen und Haare sowie schwarzer Schwefelantimon zum Betonen von Wimpern und Augenbrauen waren bekannt. Wie im alten Ägypten so auch im antiken Griechenland benutzten sowohl Männer als auch Frauen gleichermaßen die Farben und Duftstoffe.

Die römischen Maskenfeste waren Vorbilder für die Narrenfeste im Mittelalter, die wir heute noch als Karneval, Fasching oder Fastnacht feiern. Einmal im Jahr wurden durch Verkleidung, stark geschminkte Gesichter und dämonische Masken sämtliche Standesunterschiede aufgehoben. Im Schutz dieser »Narrenfreiheit« konnte dann das Volk Kritik an den gerade Herrschenden üben. Aus diesen Narrenfesten entwickelten sich im ausgehenden Mittelalter höfische Maskenfeste, bei denen auf kleinen Schaubühnen auch kleinere Theaterspiele aufgeführt wurden.

Im 15. Jahrhundert kommt das Wort »smicke«, später »sminke« auf und es finden sich viele Rezeptsammlungen, die sich ausschließlich der Kosmetik widmen.

Seit dem Beginn der Neuzeit war der Gebrauch von Kosmetika, ebenso wie die Haartracht und Mode einem stetig schnelleren Wandel unterlegen. Vorherrschend war das Streben nach einem blassen Teint und blonden Haaren, ein Schönheitsideal, das bis ins 20. Jahrhundert anhielt und immer neue Rezepturen hervorbrachte.

Der Stand der heutigen Schminkkunst ist von Theater, Film und Fernsehen jedermann geläufig. Dort wird mit professioneller Hilfe das perfekte Bühnengesicht geschminkt. Aber nicht jedes Theater hat das Glück, auf einen professionellen Maskenbildner zurückgreifen zu können, schon gar nicht die vielen Laientheater auf dem flachen Land oder die Spielgruppen in Vereinen, Schulen und Universitäten. Hier müssen sich die Schauspieler fast immer selbst behelfen.

Deshalb wendet sich dieses Buch an alle, die ohne professionelle Maskenbildner auskommen müssen, aber dennoch nicht auf ein überzeugendes Bühnengesicht verzichten wollen. In ausführlichen Schritt-für-Schritt-Anleitungen und beispielhaften Fotos werden in diesem Buch sowohl einfache, grundlegende Schminktechniken erklärt als auch Vorschläge und Anregungen für ganz spezielle Techniken, Rollen und Masken gemacht. Mit Hilfe der beigefügten Schminkskizzen werden die erforderlichen Betonungen der Gesichtspartien verdeutlicht. Sie können als Hilfestellung zur eigenen Interpretation einer Maske benutzt werden.

Anfangs empfehle ich Ihnen, sich nahe an die Vorgaben und Ratschläge zu halten. Benutzen Sie dieses Buch aber auch als Grundlage für eigene Experimente und entwickeln Sie Ihre ganz individuellen Bühnenmasken.

Dabei wünscht Ihnen viel Freude, Spaß und Erfolg Ihre

Antje Wilkening M. A.

Die Ausrüstung

Der Arbeitsplatz

In den meisten Theatern wird den Garderoben, egal ob Profi- oder Laientheater, nur ein beschränkter Platz zugestanden. Auch bei Platzmangel ist jedoch mindestens ein gut ausgeleuchteter Schminktisch mit einem ausreichend großen Spiegel unverzichtbar. Ideal sind Spiegel mit solchen Lampen, die das Gesicht gleichmäßig und ohne Schattenwurf ausleuchten.

Legen Sie auch einen Handspiegel bereit. Gerade beim Frisieren, zur Kontrolle der Frisur oder der aufgesetzten Perücke im Hinterkopfbereich, ist er unentbehrlich.

Ebenfalls unverzichtbar ist ein bequemer und höhenverstellbarer Stuhl, außerdem ein Mülleimer für Schminktücher und andere verbrauchte Materialien.

Zum Schutz der Kleidung, gegebenenfalls des bereits angelegten Kostüms, dient ein Frisierumhang.

Halten Sie außerdem ein paar Handtücher bereit, die Sie aus hygienischen Gründen nicht zum Abschminken benutzen sollten, sondern zum Abtrocknen nach dem letzten Abwaschen der Schminkreste.

Zum Anfeuchten der Pinsel und Schwämme benötigen Sie einen kleinen Behälter mit Wasser. Aufgrund ihrer Standfestigkeit und Handhabung eignen sich kleine Schalen aus Plastik oder Edelstahl am besten.

Pinsel, Schwämme & Co.

Begehen Sie nicht den Fehler und schaffen sich sofort ein umfangreiches und teures Sortiment an Farben, Pinseln und anderen Schminkmaterialien für alle eventuellen und zukünftigen Rollen an. Kaufen Sie anfangs nur das, was aktuell für eine Rolle oder Inszenierung benötigt wird und ergänzen Sie das Sortiment erst dann, wenn neues Material gebraucht wird.

Kaufen Sie nur gute Qualität, denn diese macht sich schnell bezahlt und bereitet beim Schminken mehr Freude.

Außer den eigentlichen Schminkmaterialien, die später gesondert besprochen werden, sind noch weitere Hilfsmittel nötig.

Pinsel

Puderpinsel

Das sind dicke, breite Pinsel mit weichen Pinselhaaren, die zum Abpudern besonders gut geeignet sind, weil sie den losen Puder gut aufnehmen und kontrolliert auf dem Gesicht verteilen. Wahlweise kann auch eine Puderquaste benutzt werden. Sie ist meistens waschbar und somit hygienischer.

Schminkpinsel

Man unterscheidet:

– breite, flache Schminkpinsel zum großflächigeren Auftragen der verschiedenen Schminken, speziell von Lichtern oder Abschattierungen.

– spitz zulaufende Schminkpinsel zum Ausarbeiten von Details.

– besonders feine, spitze Pinsel für Lidstriche oder kleine Knitterfältchen.

Neben diesen am meisten gebrauchten Pinseln gibt es noch viele andere, die sich vor allem in ihrer Haarform unterscheiden und je nach Weichheit für unterschiedliche Gesichtspartien benutzt werden:

– weiche Pinsel mt abgerundeter Form zum präzisen Auftragen von Wangenrouge und Lidschatten in Puderform.

– flache, abgeschrägte Pinsel mit etwas stärkeren Pinselhaaren für das in seiner Konsistenz cremige Lippenrouge.

Schwämme

Man unterscheidet:

– Schwämme aus Latex, die sich besonders zum Auftragen von flüssigen und allen fetthaltigen Grundierungen e gnen.

– feinporige Naturschwämme oder Kunststoffschwämme für Aquaschminken, da sich diese besser auswaschen lassen. Kunststoffschwämme sind außerdem nicht so teuer und können daher eher mal ausgetauscht werden.

Spezielle Schwämme für bestimmte Effekte sind:

– Gummiporenschwämme zum Aufbringen von Schattierungen und Vortäuschen eines Drei-Tage-Bartes.

– grobporige Stoppelschwämme zum Anlegen einer Unrasur oder einer Couperose, das sind kleine erweiterte blaurote und damit sichtbare Äderchen im Gesichtsbereich. Aber auch beim Anbringen von Spezialeffekten (z. B. Schürfwunden) sind Stoppelschwämme unentbehrlich.

1 Großer Puderpinsel zum Abpudern
2 Fächerpinsel zum Auftragen von Trockenrouge
3 Schminkpinsel in verschiedenen Formen für Schattierungen, zum Ausarbeiten von Details und Auftragen von Lippenrouge
4 Kleinerer Puderpinsel zum gezielten Auftragen von Trockenrouge oder Lidschatten

1 Schwammecken aus Latex
2 Kosmetikschwamm aus Latex
3 Kosmetikschwamm aus Kunststoff
4 Gummi-Porenschwamm
5 Stoppelschwamm

Bürsten und Kämme

Neben den verschiedenen Haarbürsten zum Frisieren bzw. Ordnen der Perücken sollten Sie unbedingt einen Stielkamm haben. Diesen benötigen Sie nicht nur zum Frisieren, sondern auch als anderweitiges Hilfsmittel, wie beispielsweise zum Anbringen von künstlichen Wimpern oder Spezialeffekten. Nützlich sind noch kleine spezielle Bürsten zum Formen und zur Pflege der Wimpern.

Papiertücher
Wattestäbchen
Wattepads

Abschminkhelfer

Zum Abschminken und für Korrekturen sorgen Sie immer für einen Vorrat an Papiertüchern, Wattestäbchen und Wattepads.

Ordnungshelfer

Bei der Vielzahl der benötigten Materialien, für den schnellen Überblick und zur besseren Handhabbarkeit ist eine Aufbewahrungsmöglichkeit sinnvoll, die leicht zu transportieren ist.

Im Fachhandel werden hierfür spezielle Kosmetikkoffer in verschiedenen Größen angeboten, die jedoch nicht ganz billig sind.

Eine preisgünstige und praktische Aufbewahrungsalternative sind ausklappbare Kunststoffkästen für Werkzeuge oder Angelzubehör mit verschieden großen Fächern (siehe Abbildung unten). Sie bieten eine gute Übersicht und erlauben einen schnellen Zugriff auf die verschiedenen Schminkmaterialien.

Pinsel, Schwämme & Co.

Schminkmaterialien zum Grundieren

Bevor man mit dem Ausarbeiten von Feinheiten rund um Augen, Nase und Mund beginnt, muss zunächst das Gesicht grundiert werden. Die Grundierung verleiht der Haut einen gewünschten, gleichmäßigen und einheitlichen Farbton und gleicht kleine Unregelmäßigkeiten aus. Die anschließend aufgetragene farbige Schminke kommt dadurch wesentlich besser zur Wirkung.

Grundierungen lassen sich – wie auch alle anderen Schminken – in zwei große Hauptgruppen unterteilen.

Fettschminken

Sie bestehen aus Ölen, Fetten, Wachsen und Pigmenten in unterschiedlicher Zusammensetzung und sind die am meisten benutzten Theaterschminken.

Fettschminken werden in unterschiedlichen Formen hergestellt und entsprechend bezeichnet. Man verwendet sie hauptsächlich zum Grundieren und Schattieren von Gesicht und Dekolleté. Fettschminke trocknet nicht und ist deshalb nicht wischfest. Deshalb müssen Fettschminken immer fixiert, d.h. abgepudert werden. Zusätzlich wird durch das Abpudern die aufgetragene Schminke mattiert.

Zur Entfernung der Fettschminke kann man handelsübliche Make-up-Entferner benutzen oder spezielle Abschminke oder Abschminköle.

Bei den Fettschminken unterscheidet man:

– die feste Fettschminke in Stangenform, eine der ersten kommerziellen Bühnenschminken. Um den gewünschten Ton der Haut zu erzielen, benötigt man mehrere Stangen mit unterschiedlichen Farben.

– die weiche Fettschminke, eine weiche cremige Teintschminke, die in Tuben, Dosen oder auch als Stick im Fachhandel erhältlich ist. Sie lässt sich schneller und einfacher

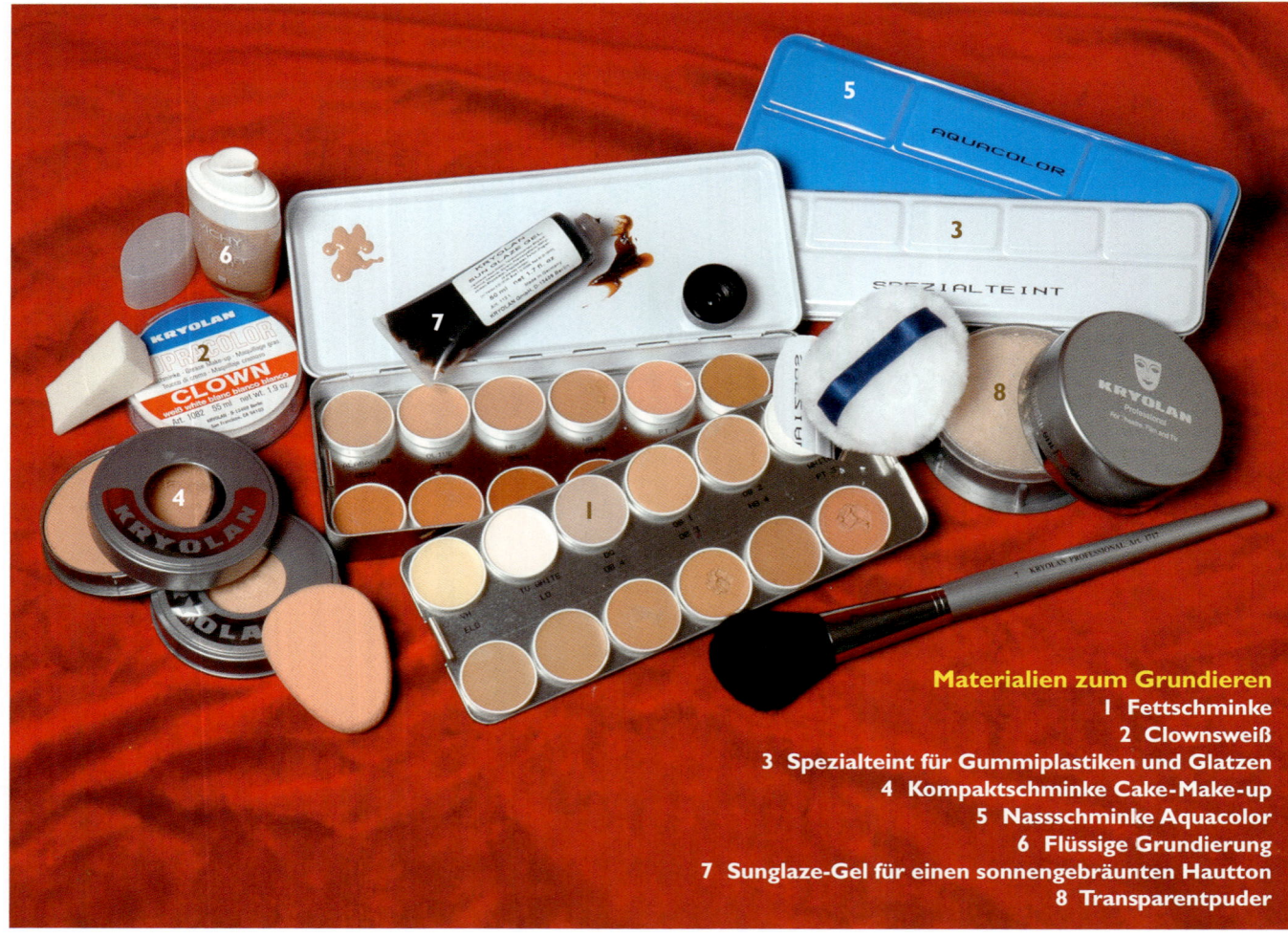

Materialien zum Grundieren
1 Fettschminke
2 Clownsweiß
3 Spezialteint für Gummiplastiken und Glatzen
4 Kompaktschminke Cake-Make-up
5 Nassschminke Aquacolor
6 Flüssige Grundierung
7 Sunglaze-Gel für einen sonnengebräunten Hautton
8 Transparentpuder

Die Ausrüstung – was gebraucht wird

als die harte Fettschminke auftragen, glänzt aber auch stärker.

– spezielle Fettschminken, wie das sog. Clownweiß. Wie der Name schon sagt, wird diese sehr stark deckende Schminke überwiegend für Clowns- oder Pierrot-Masken genutzt.

Nass- oder Aquaschminken

Nassschminken wurden ursprünglich als Körperschminken entwickelt. Sie werden bis heute gern zur Körperbemalung, dem sog. Bodypainting eingesetzt. Sie sind für große Körperflächen wie Oberkörper, Beine, Arme geradezu unentbehrlich. Nassschminken sind nicht fettend und das Abpudern nach dem Auftragen entfällt.

Weil sie sich leicht auftragen und durch einfaches Abwaschen mit Wasser und Seife mühelos entfernen lassen, werden Nassschminken inzwischen aber auch für das Gesicht genommen.

Nassschminken werden auch gerne für das Schminken von Kindern in Kindergärten, Schulen und anderen Einrichtungen sowie für Faschings-masken benutzt.

Diese Schminken werden mit einem angefeuchteten Schwamm oder Pinsel aufgetragen und mit einem Tuch oder der Hand sanft übergerieben.

Viele wasserlösliche Schminken werden in Palettenform angeboten. Wie bei einem Tuschkasten hat man so alle gebräuchlichen Farben zusammen, die sich außerdem untereinander mischen lassen.

Kompaktschminke Cake-Make-up

Hierbei handelt es sich um ein feucht aufzutragendes und meist sehr farbstarkes Make-up in Form eines Kompaktpuders als Grundierung von Hals, Dekolleté und Körper. Da Cake-Make-up fettfrei ist, schwitzt man darunter nicht so stark wie unter Fettschminke.

Diese Form des Make-ups wird vor allem von Tänzern und Darstellern mit starker Transpiration sehr geschätzt. Das Mischen dieser Farben ist jedoch aufgrund der relativ schnellen Trocknungszeit äußerst schwierig. Daher sollte man es nur für einfache Bühnenmasken benutzen.

Cake-Make-up wird mit einem angefeuchteten Schwämmchen dünn und gleichmäßig aufgetragen. Da es recht schnell trocknet, muss es unmittelbar nach dem Auftragen mit einem trockenen Tuch übergerieben werden. Cake-Make-ups sind wie alle Nassschminken wischfest und müssen nicht abgepudert werden.

Flüssige Grundierungen

Flüssige Grundierungen gibt es im Fachhandel in allen möglichen Tönen und unterschiedlicher Deckkraft. Sie eignen sich eher für das alltägliche Make-up, da sie eine nicht so hohe Deckkraft wie andere Schminken haben.

Flüssige Grundierungen sind eher für das Tageslicht oder normale Beleuchtung, aber nicht für Bühnen mit starker Beleuchtung geeignet.

Spezialgrundierung für Gummiplastiken

Außerdem gibt es Spezialgrundierungen für Gummiplastiken, die unter dem Namen »Spezialteint« in Dutzenden von Farben angeboten werden. Diese erlauben ein gleichmäßiges Einschminken von Gummiteilen und Glatzen (siehe Seite 30f.). Normale Fettschminken kann man hierfür nicht nehmen. Sie werden beim Auftragen streifig. Außerdem greifen sie das Material an.

Gelartige Schminken

Das sind spezielle Schminken, die gern für das gleichmäßige Einfärben des ganzen Körpers benutzt werden können. Sie verleihen der Haut einen natürlichen, sonnengebräunten Ton. Die aufgetragene Schminke ist wasser- und wischfest, lässt sich aber dennoch mit Wasser und Seife mühelos entfernen.

> **Wann benutze ich was?**
>
> **Grundsätzlich gilt:**
>
> – Arbeiten Sie mit der Schminke, mit der Sie am besten zu Recht kommen.
>
> – Experimentieren Sie mit verschiedenen Schminken und testen Sie deren Eigenschaften. Treffen Sie erst dann Ihre Entscheidung.
>
> **Ansonsten gilt:**
>
> – Fettschminken als Grundierungen für Masken benutzen, die Schattierungen erfordern.

Schminkmaterialien zum Grundieren

Schminkmaterialien zum Schattieren

Mit den Schattierfarben werden vor allem die Abschattierungen zum Betonen einzelner Gesichtspartien vorgenommen. Schattierfarben gibt es wie die Grundierungen als feste oder weiche Fettschminken in Döschen, Tiegeln oder auch in Stiftform als sog. Dermatographen. Die Farbauswahl ist nahezu unbegrenzt.

Augen-Make-up

Schminken für den Augenbereich sind weitaus farbintensiver als die herkömmlichen Schattierfarben. Für das Augen-Make-up gibt es ein weites Spektrum unterschiedlichster Kosmetikpräparate. Die wichtigsten und gebräuchlichsten Präparate sind:

Lidschatten

Es gibt sie sowohl in Creme- als auch in Puderform in allen Farbnuancen zum Teil mit irisierendem Effekt. Lidschatten in Puderform werden mit einem speziellen Schaumstoff umwickelten Applikator auf das Lid aufgebracht.

Mascara (Wimperntusche)

Für die Bühne sind sämtliche Arten von Wimperntusche geeignet. Es empfiehlt sich wasserfeste Mascara als Stiftbürste zu benutzen, da diese sonst durch Schwitzen leicht verschmiert. Gängig sind die Farben Blau, Schwarz und Braun.

Eyeliner

Zum Ziehen eines Lidstriches kann man selbstverständlich jede Abschattierfarbe mit einem dünnen spitzen Pinsel benutzen. Praktischer sind jedoch flüssige Eyeliner mit einem Auftragspinsel, mit dem man wesentlich gleichmäßigere Linien ziehen kann, die auch nicht so schnell verwischen.

Dermatographen (Augenbrauenstifte)

Mit diesen Stiften können nicht nur feine Abschattierungen im Gesichtsbereich vorgenommen werden, sondern sie eignen sich auch zum Nachziehen der Augenbrauen. Erhältlich sind sie in allen, überwiegend abgedunkelten Farben, vor allem in Schwarz und Brauntönen.

Kajal

Während unter das Kajal nur die dunkle Kosmetikfarbe verstanden wird, ist der Kajal ein Augenkonturenstift, also eigentlich auch ein Dermatograph. Er ist jedoch wesentlich cremiger in seiner Konsistenz und wird zum Umranden der Augen benutzt oder um das Innenlid zu betonen.

Materialien für die Augen.

1. Lidschatten
2. Applikator
3. Mascara
4. Eyeliner
5. Dermatographen mit Anspitzer
6. Kajal
7. Künstliche Wimpern mit Wimpernkleber
8. Wimpernformer, zum Formen der Wimpern
9. Augen-Wimpernbürstchen

Die Ausrüstung – was gebraucht wird

Lippen-Make-up

Soll die natürliche Lippenform verändert werden, so empfiehlt es sich, die Lippen vor dem Auftragen der eigentlichen Lippenfarbe mit einem entsprechend farbigen Dermatographen zu umranden, der in verschiedenen Rottönen erhältlich ist.

Im Drogeriebedarf sind alle gängigen Lippenfarben in Stiftform erhältlich.

Äußerst praktisch sind jedoch kleine Näpfchen, die in Paletten mit mehreren Farben im Fachhandel angeboten werden. Lippenrouge sollte möglichst immer mit einem Pinsel aufgetragen werden. Damit lässt sich die Farbe besser dosieren und präziser auftragen.

Materialien für die Lippen.
1 **Lippenstifte**
2 **Lippenrouge auf Paletten**
3 **Dermatographen**
4 **Schminkpinsel zum Auftragen der Lippenfarbe**

Wangen-Make-up

Eine Maske lebt von dem Spiel mit Kontrasten von Licht und Schatten. Eine Maske ohne den gezielten Einsatz von Wangenrouge würde flach wirken. Das Rouge belebt das Gesicht und verleiht ihm zudem einen wärmeren Ausdruck. Die Betonungen im Wangenbereich werden mit Präparaten in Puderform und einem breiten weichen Pinsel angelegt, da man dadurch sanftere Übergänge zur Grundierung erzielt. Die Palette der Farben reicht von einem hellen Rosé bis hin zu einem Dunkelbraun.

Materialien für die Wangen.
1 **Trockenrouge in einer Palette**
2 **Fettschminke in Näpfchen in verschiedenen Rottönen**
3 **Puderpinsel, sog. Blusher-Pinsel**

Schminkmaterialien zum Schattieren

Theorie zum besseren Verständnis

Etwas Anatomie

Einige anatomische Kenntnisse erleichtern die Arbeit des Schminkens. So kann man anhand der Schädelform und der aufliegenden Muskulatur und Haut auch besser charakteristische Betonungen beim Schminken setzen.

Der Schädel

Unter dem Schädel, der festen Hülle des Kopfes, ist der Sitz des Gehirns. In ihm sind alle Sinne vereint. Von hier aus wird das Sehen, Hören, Fühlen, Riechen, Atmen, Essen und Sprechen gesteuert. Aber ein sichtbarer Teil des Kopfes, das Gesicht, bestimmt auch unseren Ausdruck, die Mimik.

Aus den Knochen des Schädels, den Knorpeln von Nase und Ohren, den Augen, den Fettansammlungen unter der Haut ergibt sich die Struktur des Gesichts. Durch eine vergleichsweise dünne Muskelschicht wird das Gesicht bewegt und ermöglicht so eine Vielfalt an mimischem Ausdruck.

Jeder Mensch sieht jedoch anders aus und die Grundlagen für Schönheit und Charakter, die Schattierungen und Texturen der Oberfläche des Gesichts werden nicht durch die für die Mimik verantwortlichen Muskeln bestimmt, sondern sind vielmehr von den darüber liegenden Fett- und Hautschichten abhängig.

Bevor Sie mit dem Schminken beginnen, fahren Sie einmal mit geschlossenen Augen und Fingern über Ihr Gesicht. Sie merken: Das Gesicht hat keine plane Oberfläche, sondern besteht aus Erhebungen und Vertiefungen. Eine genaue Kenntnis des Gesichtsschädels ist notwendig, vor allem, wenn Sie jemanden älter schminken wollen, weil aufgrund der zunehmenden Erschlaffung der Muskeln die Knochenstruktur stärker hervortritt.

Auf den Zeichnungen können Sie erkennen, wie sich die einzelnen Knochenpartien zu den darüber liegenden Hautteilen und Sinnesorganen verhalten.

Hervortretende Partien

– Das Stirnbein hat zwei Stirnhöcker und bildet mit den Augenbrauenbogen die hervortretenden Partien des oberen Gesichtsschädels.

– Das Nasenbein bezeichnet den festen Teil der Nase. Den Rest der Nase bildet beweglicher Knorpel.

– Die Wangenknochen, speziell das Jochbein, treten unterhalb der Augenhöhlen besonders stark hervor.

– Der Oberkiefer bildet den unbeweglichen Teil des gesamten Kieferknochens und tritt besonders zwischen Nase und Mund stärker hervor.

– Der Unterkiefer ist der bewegliche Teil des Kieferknochens. Er endet an der vorderen Unterkante mit der mehr oder weniger stark hervortretenden Kinnspitze.

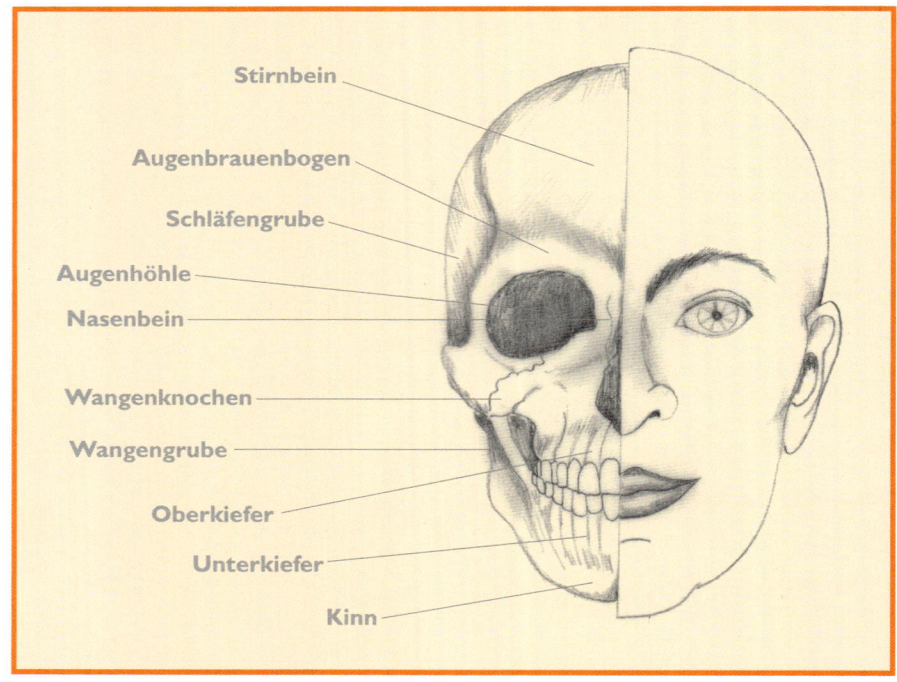

Vertiefungen

- Zwischen Stirnbein und Augenbrauenbogen sowie in der Mitte des Augenbrauenbogens genau über der Nase, befinden sich am Gesichtsschädel die oberen Vertiefungen.

- Das Schläfenbein liegt links und rechts vom Stirnbein. Darin eingebettet liegt die Schläfengrube.

- In den Augenhöhlen sind die Augäpfel eingebettet.

- Direkt unterhalb des Jochbeins befindet sich die Wangengrube, die mit fortschreitendem Alter stärker einfällt und damit das Jochbein stärker hervortreten lässt.

Gerade die Kenntnis dieser Vertiefungen und Erhöhungen ist wichtig, weil Sie durch gezieltes Setzen von Lichtern und Schatten in diesen Bereichen einer Maske Ausdruck verleihen oder sie älter wirken lassen können (siehe Seite 50ff. Altersmasken).

Die Hand

Eine Maske ist nie vollständig, wenn die anderen sichtbaren Teile des Körpers nicht ebenfalls mit einbezogen werden, vor allem, wenn ein anderer Volkstyp dargestellt wird oder ein Schauspieler älter aussehen muss. Unterarm und Hände sind meistens sichtbar und unterstützen die Gestik mit ihren Ausdrucksmöglichkeiten.

Man unterscheidet:

- Die Knochen des Unterarmes. Elle und Speiche verlaufen parallel zueinander und sind gelenkig mit der Handwurzel verbunden.

- Diese wird durch acht Handwurzelknochen gebildet, die klein und unregelmäßig geformt sind und durch Bänder verbunden werden.

- Fünf der Handwurzelknochen schließen an die Mittelhandknochen der übrigen Finger an.

- Die Fingerknochen bilden die Endglieder der Hand und bestehen aus jeweils drei hintereinander liegenden kleinen Knochen.

- Die Abschnitte der einzelnen Fingerglieder sind gelenkig mit einander verbunden und sind als vortretende rund-kugelige Bereiche sichtbar. Bei älteren Menschen treten diese Partien stärker vor, ebenso wie im Mittelhandbereich die einzelnen Knochen und Adern.

Wie beim Gesicht, so können durch gezieltes Setzen von Schattierungen die Hände von jüngeren Schauspielern älter geschminkt werden (siehe Seite 47, Älter schminken der Hände).

Seite 14: Schädel von vorn. Unten links: Schädel im Profil. Unten rechts: Der Handknochen, Innen- und Außenansicht.

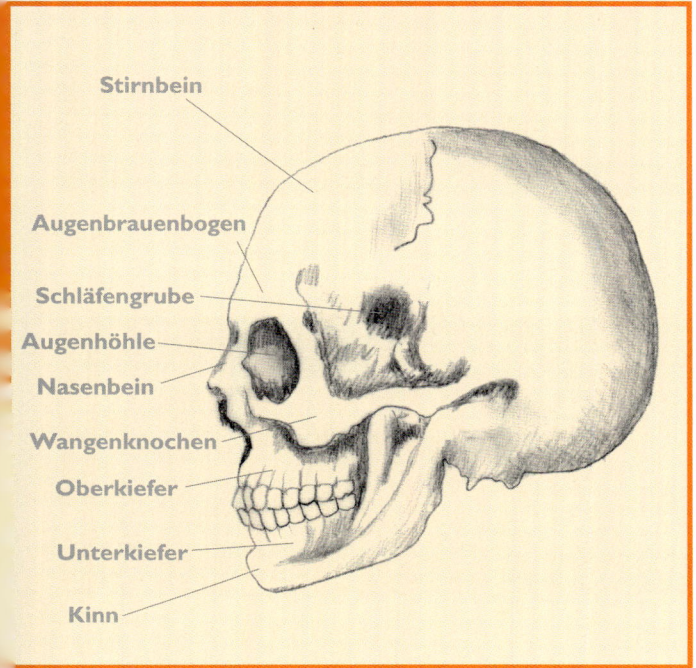

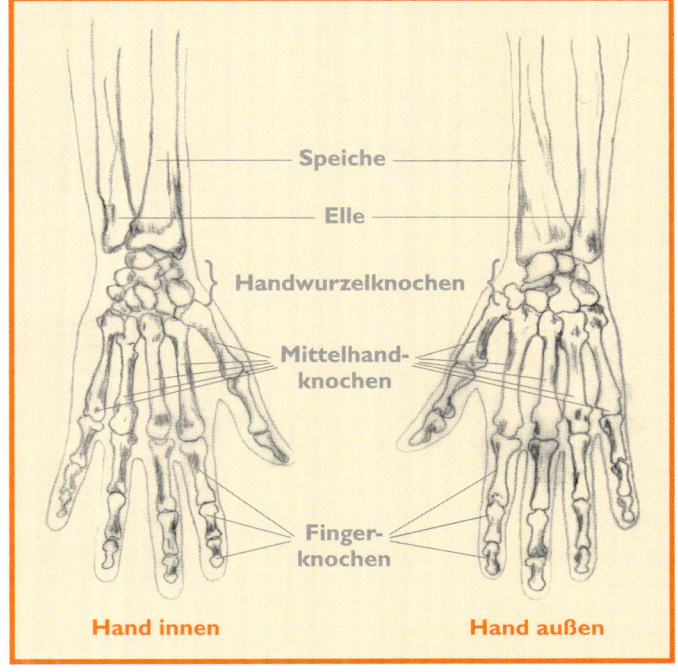

Etwas Anatomie

Etwas über Farben

Allgemeines

Was für Farben im Allgemeinen gilt, ist auch für die Verwendung der Farben beim Schminken gültig. Farben lassen sich in zwei Hauptgruppen einteilen. Die Primärfarben sind Rot, Blau und Gelb. Diese drei Farben ergeben optisch gemischt weiß. Aus den Primärfarben lassen sich alle weiteren Farben, die Sekundärfarben mischen: d.h. aus Rot und Blau entsteht Violett, aus Rot und Gelb entsteht Orange und aus Blau und Gelb entsteht Grün. Alle helleren oder dunkleren Zwischentöne entstehen aus einem bestimmten Mischungsverhältnis der jeweiligen Primärfarben (Abbildung oben).

Die einzelnen Farben unterscheiden sich in ihrem Farbton, der Farbintensität und dem Farbwert.

Das Mischungsverhältnis der Primärfarben untereinander entscheidet über den Farbton. Geben Sie beispielsweise mehr Gelb zum Rot, so entsteht ein helleres Orange (Abbildung Mitte).

Die Farbintensität wird durch Zumischung von Weiß oder Schwarz gemindert. Durch Zusatz von Weiß wird eine kräftige Farbe blasser und durch Zumischung von Schwarz wird sie dunkler (Abbildung unten).

Warme Farben (alle Rottöne) treten stärker in den Vordergrund, haben Signalwirkung, während kühlere Farben (Blautöne) zurückhaltender wirken.

Mit den Primärfarben lassen sich also alle Farben mischen, und durch Zusatz von Schwarz und Weiß können Sie jede beliebige Abstufung einer Farbe erzielen.

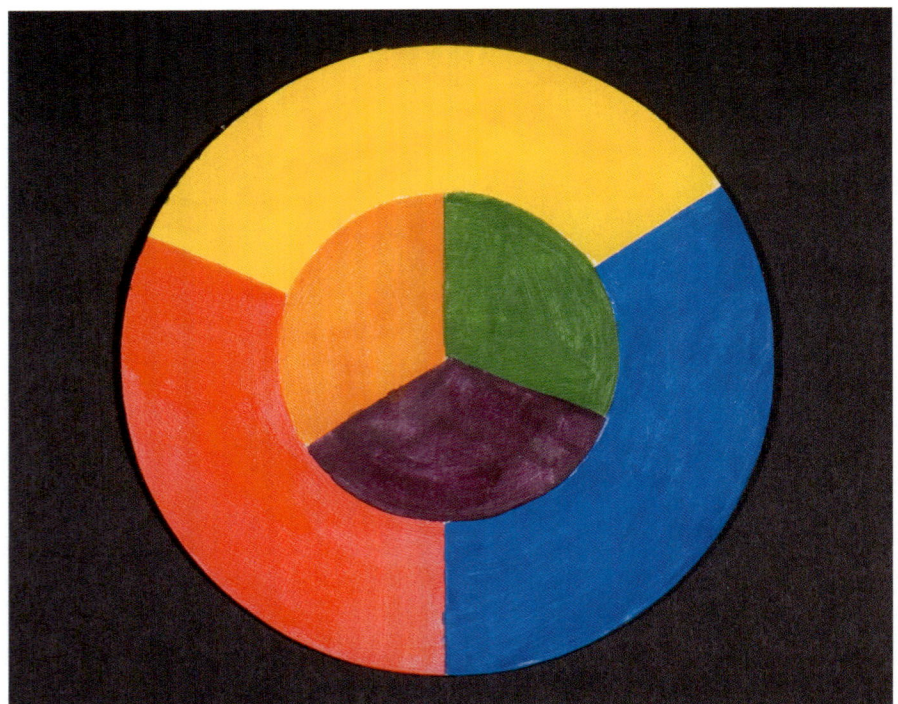

Der Farbkreis mit den Primärfarben Rot, Blau und Gelb. Die Sekundärfarben entstehen aus den Mischungen: Violett aus Rot und Blau, Orange aus Rot und Gelb, Grün aus Blau und Gelb.

Das Mischungsverhältnis entscheidet über den Farbton. Hier sind die Mischungen aus den Primärfarben Rot und Gelb zu sehen.

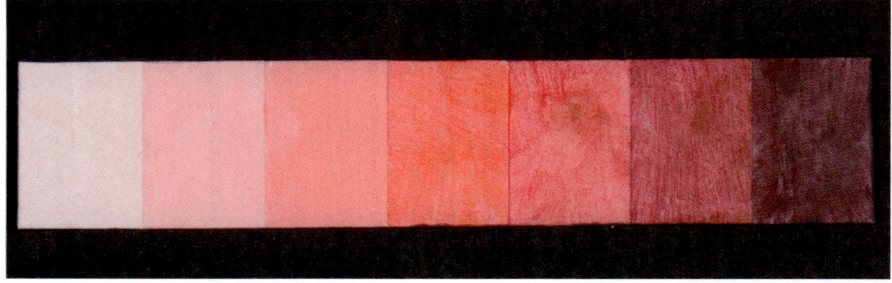

Die Farbintensität ändert sich durch Zumischung von Weiß oder Schwarz. Weiß lässt die Farbe verblassen, Schwarz verdunkelt sie.

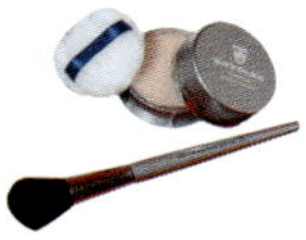

Beim Schminken

Für das Schminken bedeutet dies, dass Sie einen bestimmten Charakter auch durch die Wahl der Farben verstärken können. So wird eine wärmere Farbe den Charakter einer eher gutmütig darzustellenden Person betonen. Dazu wird über die aufgetragene Grundierung etwas Rot getupft und in die Grundierung gewischt. Dagegen wirkt ein Typ kälter und berechnender, wenn Sie etwas Blau über die Grundierung geben und hinein verwischen.

Kränkliche Personen werden durch grünliche, blasse Teints charakterisiert.

Im Farbkreis liegen kontrastierende Farben gegenüber, d.h. die Primärfarbe, die an der Mischung einer Sekundärfarbe nicht beteiligt ist, verhält sich dazu komplementär. Komplementärfarben verstärken sich gegenseitig.

**Komplementärpaare sind:
Rot – Grün / Blau – Orange / Gelb – Violett**

Dieses Wissen ist auch bei der Auswahl der Kostüme und Perücken nützlich. So kann z. B. eine eher rötliche, warme Maske durch grüne Kleidung in ihrer Wirkung verstärkt werden.

Bei den Schminken brauchen Sie jedoch nicht nur auf die Primärfarben zurückzugreifen. Die Hersteller bieten eine umfangreiche Palette verschiedenster Farbabstufungen an. Sie sollten jedoch wissen, wie jede Farbe durch Zusatz von anderen Farben oder Schwarz und Weiß verändert werden kann. Gerade beim Schattieren und Aufhellen bestimmter Gesichtspartien ist dieses Wissen unerlässlich und garantiert eine effektvolle Maske.

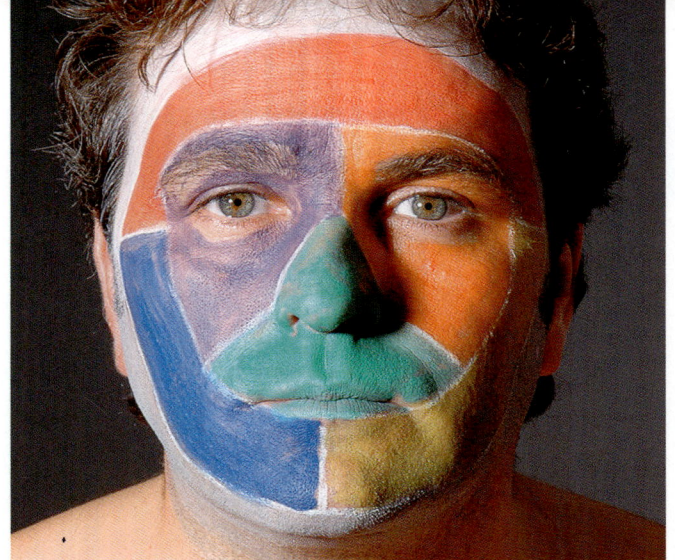

Eine Maske bei normalem Licht. Das Erkennungsmerkmal: Die Hautfarbe ist richtig, sie ist fleischfarben.

Etwas über Licht und Schatten

Licht und seine Wirkung

Für den Maskenbildner ist nicht die physikalische Zusammensetzung des Lichts von Bedeutung, sondern dessen Wirkung auf das Erscheinungsbild der farbigen Schminke.

Neben der richtigen Wahl der Farbe ist es deshalb vor dem Anlegen einer Maske wichtig zu wissen, welchem Licht die Maske ausgesetzt ist. Die Maske sollte dann nach Möglichkeit unter genau diesen Lichtverhältnissen geschminkt werden, weil jede Farbe in einem anderen Licht sich in Ton, Intensität und Wert anders verhält.

Achten Sie darauf, welches Licht auf der Bühne verwendet wird, welche Farbe das Licht hat und vor allem, wie stark es ist.

Licht ohne Filter

Folgende Lichttypen werden im Theater am häufigsten verwendet:

– **Tageslicht, das hellste Licht**
Hierfür sollten Sie die Maske auch bei Tageslicht schminken.

– **Glühlampen, gelbliches, warmes Licht**
Dabei können Rottöne an Intensität verlieren und blaue Farbtöne leicht grünlich wirken

– **Neonlicht, kaltes, bläuliches Licht**
Alle Farbtöne werden fahler, blasser. Orangetöne wirken grau, Blautöne werden intensiviert.

– **Blitzlicht, blauweißes Licht**
Rottöne werden verstärkt. Alle Schattierungen müssen verstärkt werden, weil sie sonst im Blitzlicht ihre Wirkung verlieren.

– **Halogenlicht, weißes Licht**
Es beraubt alle Farben ihrer Intensität und lässt die Haut fahl erscheinen. Alle geschminkten Bereiche müssen stark betont werden.

Licht mit farbigen Filtern

Im Theater werden gerne Farbfilter vor die Lampen geschoben, um verschiedene Farbabstufungen und -schattierungen zu erzeugen. Diese Filter wirken jedoch auf Farben in der Weise, dass sie alle Farben bis auf die eigene absorbieren. Auf den Fotos sehen Sie die Wirkung der einzelnen Farbfilter auf die Farben.

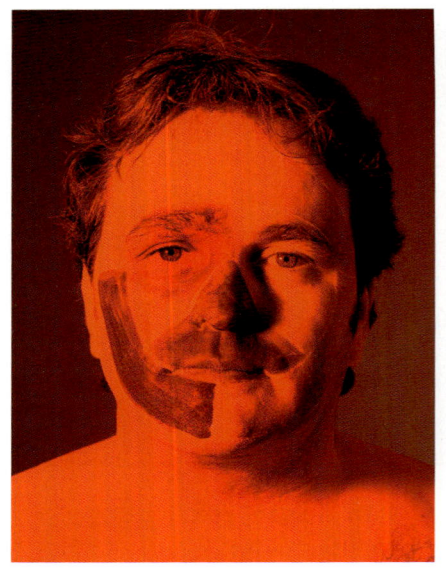

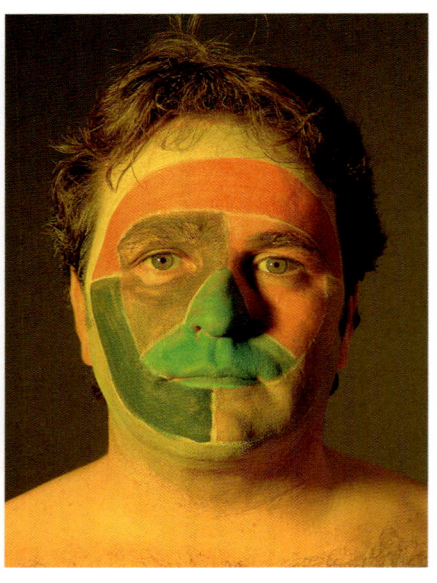

Natürlich gibt es Filter in allen möglichen Zwischentönen. Am häufigsten werden Filter in Fleischfarben, Zartrosa, Tageslichtblau, Stahlblau und Bernsteinfarben benutzt. Fleischfarbene Filter beeinflussen eine Maske kaum und sind die Filter, die einer Maske am meisten schmeicheln.
Das Gleiche gilt für Bernstein.

Rotfilter
Sie können eine Maske völlig zerstören, weil das normale Rouge nicht mehr zu sehen ist und dunkle Rottöne sich braun verfärben.

Gelbe und orangefarbene Filter
Sie lassen Hauttöne gelb und Schattierungen eher schmutzig wirken.

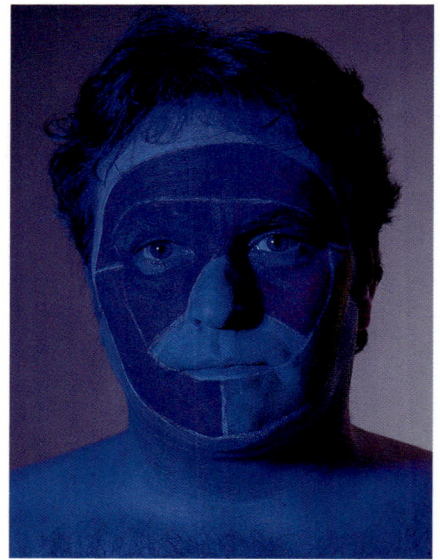

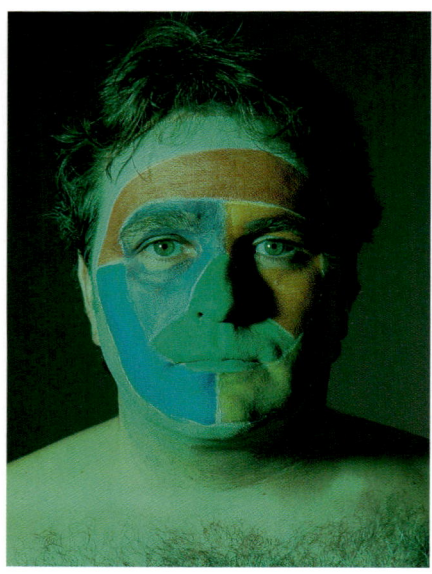

Blaue Filter
Sie lassen die Haut kränklich erscheinen, sind aber bei Mondscheinszenen sehr beliebt.

Grüne Filter
Sie machen alle Hauttöne grau und wirken makaber. Deshalb werden sie gern für Gruselszenen eingesetzt.

Tipp
Natürlich ist das Licht bei einer Aufführung nicht in jeder Szene das Gleiche. Überprüfen Sie die Masken daher auf unterschiedliche Beleuchtungseinstellungen und achten Sie darauf, dass es für die verschiedenen Szenen passt. Bitten Sie gegebenenfalls den Regisseur, das Licht zu ändern.

Schatten und seine Wirkung

Die Wirkung einer Maske hängt nicht nur von der Farbe und dem Lichteinfall ab. Besonders wichtig ist es mit Hilfe von Licht und Schatten bestimmte Gesichtspartien wirkungsvoll hervorzuheben.

Für die Praxis heißt das: Sollen beim Schminken Teile des Gesichts besonders betont werden, so müssen diese heller geschminkt, ein sog. Licht gesetzt werden. Sollen andere Teile in den Hintergrund treten oder gar verschwinden, müssen diese abschattiert werden. Dieses Prinzip gilt vor allem beim Einschminken von Falten. Je tiefer eine Falte wirken soll, desto stärker muss der Kontrast zwischen Licht und Schatten sein.

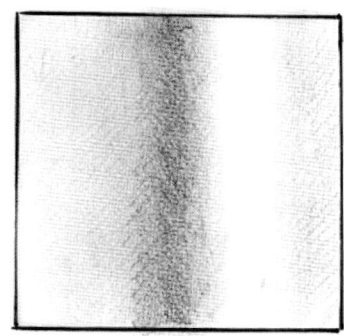

Auf dieser Zeichnung fließen die hellsten und dunkelsten Flächen ineinander. Die Abschattierung wird zum Grundton und zum Licht langsam aufgehellt. Auf diese Weise lassen sich weiche Hautfalten besonders gut schminken.

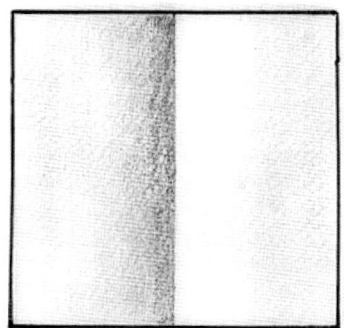

Hell und dunkel sind hier scharf begrenzt. Diese Schattierungstechnik kann man bei starken Falten, wie Nasolabialfalten (im Nasen-Lippen-Bereich), Altersfalten, Unterlidfurchen usw. einsetzen.

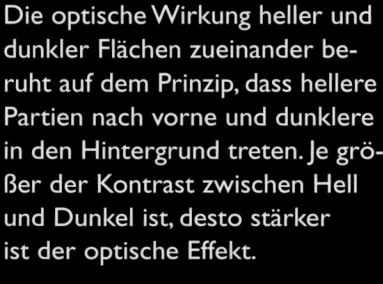

Die optische Wirkung heller und dunkler Flächen zueinander beruht auf dem Prinzip, dass hellere Partien nach vorne und dunklere in den Hintergrund treten. Je größer der Kontrast zwischen Hell und Dunkel ist, desto stärker ist der optische Effekt.

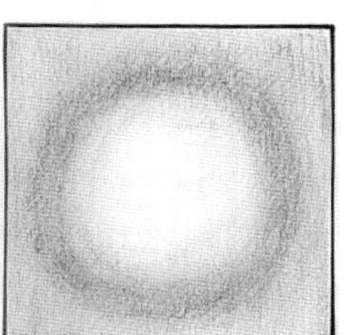

Mit Hilfe von Licht und Schatten lassen sich bis zu einem gewissen Grad auch Effekte schminken. Hier ist der Wölbungseffekt dargestellt. Das Licht wird rund aufgetragen und die Farbe zum Rand hin dunkler abschattiert. Dadurch entsteht optisch eine Kugel. Diesen Effekt kann man besonders gut zum Einschminken von Blasen, Beulen oder Höckern verwenden.

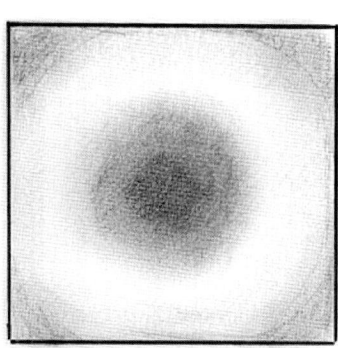

Der umgekehrte Effekt entsteht, wenn die Mitte dunkler ist und sich die Schattierung zum Rand hin auflöst. Diesen Effekt nutzt man z. B., um tief liegende Augen vorzutäuschen.

Etwas über Licht und Schatten

Schminktechnische Grundlagen

Vor dem Schminken

Bevor mit dem Schminken begonnen wird, sollte die Alltagskleidung abgelegt werden. Am besten zieht man einen Bademantel an. Manchmal ist es jedoch notwendig, das Kostüm vor dem Schminken anzulegen, wenn beispielsweise ein Oberteil über den Kopf gezogen werden muss. Schützen Sie auf jeden Fall die Kleidung. Es hilft auch ein Frisierumhang oder ein Handtuch.

Empfehlung für Frauen: Vor dem Schminken muss das Tages-Make-up gründlich entfernt werden. Benutzen Sie Reinigungslotion oder Abschminktücher und abschließend am besten ein Gesichtswasser. Verzichten Sie aber dann auf das sonst übliche Eincremen, weil sich die Schminke dann nicht gut verteilen lässt und das neue Make-up streifig werden kann.

Empfehlung für Männer: Rasieren Sie sich vor dem Auftragen der Maske glatt und klären Sie die Haut mit einem Gesichtswasser. Schminke sollte jedoch nie auf die frisch rasierte Haut aufgetragen werden, da sich Hautirritationen einstellen könnten.

Die Grundierung und das Abpudern

Die Maske beginnt mit der Grundierung. Sie überdeckt Ungleichmäßigkeiten im natürlichen Teint und schafft die Basis für Schattierungen.

Gehen Sie so vor:

— Sowohl Fett- als auch Wasserschminken werden mit einem befeuchteten Schwämmchen aufgetragen.

— Nehmen Sie mit dem Schwamm etwas Schminke auf, die Sie mit streichenden Bewegungen auf dem Gesicht verteilen.

— Gehen Sie von der Mitte des Gesichtes jeweils nach außen und von oben nach unten in horizontalen, lang auslaufenden Bewegungen.

— Tragen Sie die Schminke möglichst dünn auf, so dass die Poren noch sichtbar sind. Zu dick aufgetragene Schminke wirkt fleckig.

— Achten Sie darauf, dass die Schminke gut in den Haaransatz übergeht, da sonst ein Rand sichtbar ist, den man auch als Maskeneffekt bezeichnet.

— Das Gleiche gilt für die Kinn- und Halspartie. Auch hier muss die Grundierung sorgfältig aufgetragen werden.

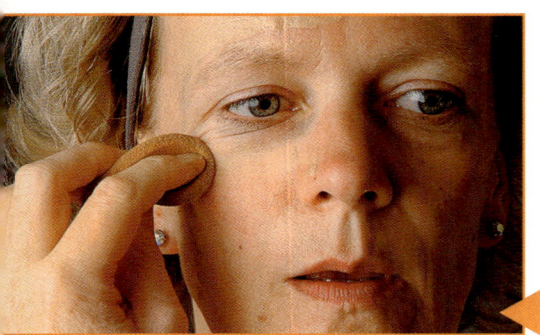

Die Grundierung wird mit einem Schwämmchen verteilt.

Tipp

Um den Farbton der Grundierung zu bestimmen, machen Sie an der Innenseite des Unterarms eine Schminkprobe. Die Haut ist hier heller als an der Armoberseite und ähnelt, bei nicht sonnen- oder solargebräunten Menschen, dem Gesichtsteint.

Nach einer Grundierung mit Fettschminke müssen alle grundierten Hautflächen gut abgepudert werden. Das macht die Schminke haltbarer und verhindert, dass das Gesicht glänzt. Benutzen Sie zum Abpudern transparenten losen Puder, den Sie mit einer Puderquaste oder einem Puderpinsel auftragen können (siehe Abbildung unten).

Bei der Verwendung von Wasserschminke entfällt das Abpudern.

Das Augen-Make-up

Die Augen und das ganze Augenumfeld spielen eine bedeutende Rolle im Erscheinungsbild eines Menschen. Egal, ob es letztendlich um Sympathie oder Antipathie geht, die ein Mensch durch seine Augen ausstrahlt, Wirkung zeigen die Augen immer.

Das gilt natürlich ganz besonders für die Gesichter auf der Bühne, so dass die Augen und ihr Umfeld besonders intensiv maskenbildnerisch behandelt werden müssen, gleichermaßen bei Männern und Frauen. Die nachfolgende Beschreibung betrifft aber primär das weibliche Auge.

Die Augenbrauen formen

Die Augenbrauen sind der Rahmen für die Augen und spielen eine wichtige Rolle für den Gesamtausdruck einer Maske. Die Form der Augenbraue bestimmt, ob ein Gesicht komisch, traurig, arrogant oder gar bösartig wirkt. Deswegen muss dieser Partie besondere Aufmerksamkeit gewidmet werden. Schminken Sie Augenbrauen immer dunkler als natürlich, wenn ein bestimmter Ausdruck betont werden soll.

Man kann sowohl Fettschminke als auch einen Dermatographen benutzen.

◀ Seite 20, rechts: Die Grundierung ist aufgetragen und überdeckt Ungleichmäßigkeiten. Sie wird mit Puderpinsel und Puderquaste angepudert. Die Haut hat jetzt einen gleichmäßigen Ton.

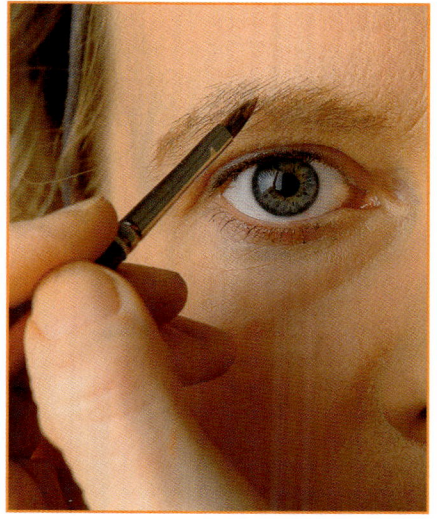

Zum Einfärben einer Augenbraue entsprechend der Maske und der Haare/Perücke sollte man aber Fettschminke vorziehen, da hier die Farbe nuancierter abgestimmt werden kann.

Bei der Verwendung von Dermatographen nie nur einen harten Strich ziehen, sondern vielmehr feinste haarähnliche Striche zeichnen. Beginnen Sie dafür an der Nasenwurzel und akzentuieren Sie den natürlichen Verlauf der Augenbraue.

Tuschen der oberen Wimpernreihe: Schauen Sie nach unten und tragen Sie dann die Farbe mit der Bürste auf. Es empfiehlt sich, die Wimpern zweimal zu tuschen. Lassen Sie die Wimpern aber vor dem zweiten Auftrag trocknen.

Vor dem Betonen des oberen Augenbrauenrandes wird die Augenbraue nach unten gebürstet. Um den unteren Rand einzuschminken, werden die Augenbrauen wieder hoch gebürstet. Abschließend kann die Augenbraue mit einem speziellen Gel fixiert werden.

Die Wimpern tuschen

Zum Tuschen der Wimpern können Sie einen Tuschstein mit nasser Bürste benutzen oder einen Mascara. Aus hygienischen Gründen sollten Sie Mascarastifte oder -bürsten aber nicht länger als etwa acht Wochen benutzen. Meistens ist der Mascara dann auch schon so eingetrocknet, dass beim Tuschen kleine Klümpchen, sog. Fliegenbeine, an den Wimpern haften bleiben.

Zum Tuschen der unteren Wimpernreihe nach oben schauen und das Augenlid leicht nach unten ziehen. Die Wimpern von unten nach oben tuschen.

Mit einem Schaumstoffapplikator wird der Lidschatten aufgetragen.

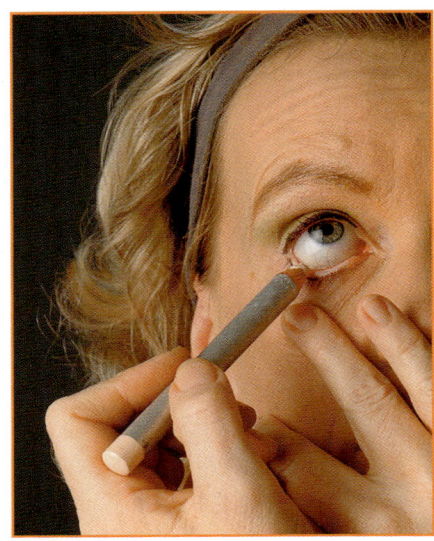

Zum Betonen des inneren Lidrandes ziehen Sie das Lid mit der Fingerspitze vorsichtig nach unten. Führen Sie den Kajal entlang des inneren Augenlids.

Den Lidschatten auftragen

Lidschatten gibt es in vielerlei Formen als Puder oder Fettschminke. Für den Lidschatten bei Bühnenauftritten können Sie Fettschminke benutzen. Dann muss der Lidschatten jedoch anschließend abgepudert werden. Zum Auftragen von Lidschatten in Pulverform eignet sich ein spezieller Applikator oder ein etwa 6 mm breiter Pinsel.

Den Lidstrich ziehen

Der Lidstrich betont und vergrößert das Auge. Zum Umranden benutzt man entweder einen Dermatographen oder einen Lidstrichpinsel, der in Fettschminke oder in speziellen flüssigen Eyeliner getaucht wird: Zum Betonen des inneren Lidrandes benutzt man am besten einen Kajal. Sollen die Augen größer wirken, dann nimmt man am besten einen hellen, fast weißen Kajal.

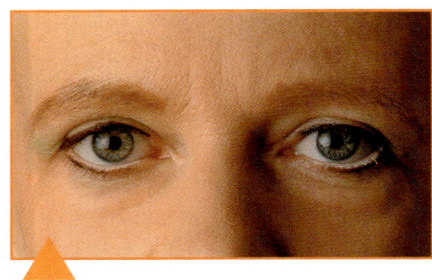

Die fertig geschminkten Augen.

Zum Auftragen des oberen Lidstriches legen Sie den Kopf zurück, schauen nach unten und ziehen den Strich von innen nach außen am Lidrand, dicht am Wimpernansatz entlang.

Zum Auftragen des unteren Lidstriches senken Sie den Kopf, schauen nach oben und ziehen ebenfalls dicht am Wimpernansatz den Strich.

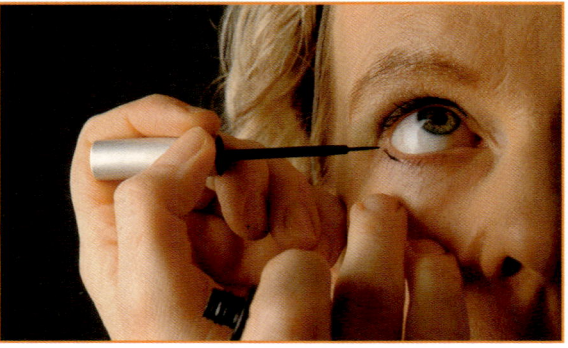

Schminktechnische Grundlagen

Das Lippen-Make-up

Zum Akzentuieren der Lippen ist es immer vorteilhaft, vor dem Auftragen der eigentlichen Lippenfarbe die Lippen mit einem angespitzten Dermatographen zu umranden. Das verhindert ein »Ausfransen« der Lippenfarbe an den Rändern nach längerer Tragezeit. Das Umranden ist auch besonders wirkungsvoll, wenn die Lippen eine andere Form bekommen sollen. Nach dem Umranden wird mit einem Pinsel die Lippenfarbe auf die Lippen aufgetragen.

Das Wangen-Make-up

Um dem Gesicht ein frisches Aussehen zu verleihen, wird zum Schluss noch etwas Wangenrouge aufgetragen. Benutzen Sie dafür am besten Puderrouge, das Sie mit einem großen Pinsel oder Fächerpinsel auf die Wangenknochen auftragen. Gehen Sie mit dem Rouge sparsam um. Zu viel Rouge lässt ein normales Make-up übertrieben und künstlich wirken.

Rechts, oben: Vor dem Schminken.

Nach dem Auftragen von Wangenrouge.

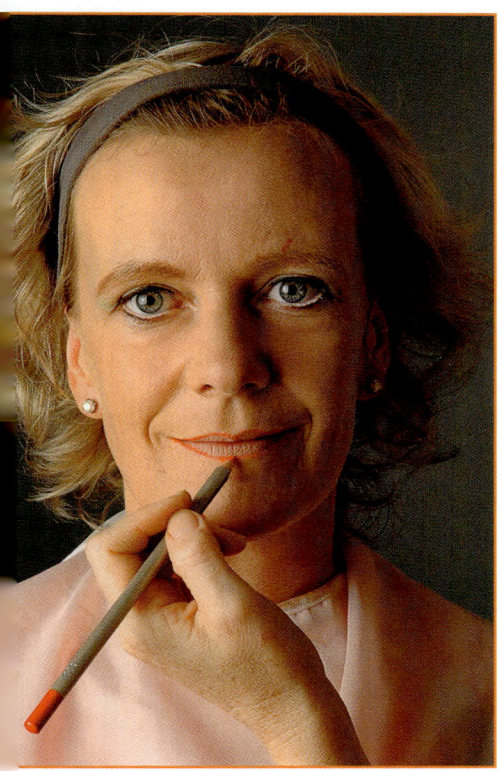

Vor dem Auftragen der Lippenfarbe werden die Lippen mit einem Dermatographen durch Umranden akzentuiert.

Das Wangen-Make-up

Maskenbildnerisches Arbeiten

Veränderungen des Gesichts durch Schminken

Wesentliches Anliegen beim Schminken und beim Bilden von Masken für das Theaterspiel ist das Verändern des normalen Erscheinungsbildes eines Menschen. Dadurch wird er auch in seinem Äußeren dieser Rolle angepasst. Je nach Anforderung der Rolle wird nicht nur der Hautteil des Kopfes einbezogen, ggf. mit verletzungs- oder krankheitsbedingten Veränderungen wie Wunden oder Narben, sondern auch alle mit Haaren bedeckten Partien wie Bärte und Perücken.

Goldene Schminkregeln

– Alles was kleiner wirken und zurücktreten soll, schminkt man dunkler. Alles was größer wirken und hervortreten soll, schminkt man heller.

– Eine hellere Farbe für den Grundteint lässt das Gesicht breiter und größer wirken, dagegen macht ein dunkler Teint das Gesicht kleiner.

– Horizontal angelegte Schattierungen lassen ein Gesicht breiter und flächiger wirken, vertikal angelegte Schattierungen dagegen länger und schmaler.

Die Gesichtsfläche

Wenn das Gesicht eine normale Form hat, dann reicht es, mit etwas Puderrouge die Maske aufzufrischen.

Das volle Gesicht schmaler schminken

Ein zu volles Gesicht schminkt man schmaler, indem man unterhalb der Wangenknochen eine Farblinie mit Fettschminke vom Ohr bis unter die höchste Stelle des Wangenknochens keilförmig aufträgt. Verreiben Sie den oberen und unteren Rand dieser Schattierungslinie leicht in die Grundierung hinein.

Anschließend hellt man den Wangenknochen oberhalb der Schattierungslinie auf und verwischt wieder den oberen Teil in die Grundierung. Nach dem Abpudern kann man noch etwas Puderrouge sparsam auf dem Wangenknochen verteilen. Dieser darf in der Schattenpartie etwas intensiver sein.

Das eingefallene Gesicht voller schminken

Ein eingefallenes Gesicht wirkt voller, wenn man in die Schattenpartie unterhalb des Wangenknochens ein Licht setzt, das ein paar Nuancen heller als der Grundteint ist. Bei Frauen wird dann noch etwas Rouge auf die Wangenknochen gelegt.

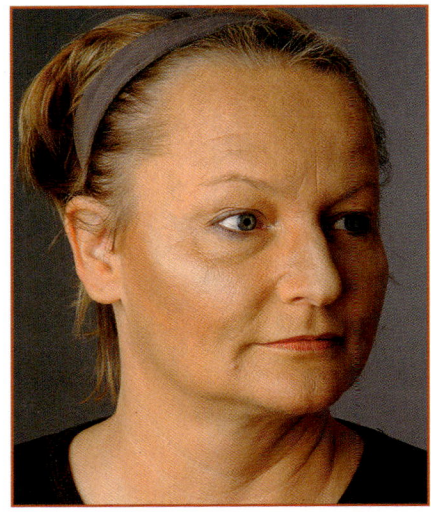

Ein volles Gesicht wird optisch durch eine Farblinie mit Fettschminke unterhalb der Wangenknochen verschmälert.

Ein schmales Gesicht wirkt optisch voller, wenn in die Schattenpartie unterhalb des Wangenknochens ein Licht geschminkt wird.

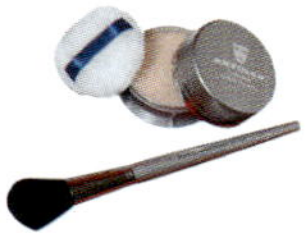

Sonderfall: die hohle Wange im Alter

Eingefallene Wangen lassen sich schminken, indem man die Wangen einzieht und dort, wo eine hohle Stelle entsteht, eine dunkle Schattierfarbe in Form eines Y aufschminkt. Dann werden die Außenränder verwischt, oberhalb des Y wird auf den Wangenknochen ein heller, breiter Streifen geschminkt, der am oberen Rand leicht in den Grundteint verwischt wird.

Der untere Rand wird mit den Fingerspitzen leicht eingeklopft, bis er mit dem oberen Rand des Schattens verschmilzt.

Sonderfall: die Couperose

Manche Menschen neigen zu einer sog. Couperose, d.h. einer Erweiterung der feinen Hautäderchen, die besonders im Wangenbereich auftritt. Bei manchen Masken, vor allem bei der Darstellung alter Menschen oder Trinkern, bedient man sich gerne dieses Effekts, der auch gerne etwas übertrieben wirken darf. Hierzu benutzt man einen speziellen Stoppelschwamm, der in etwas karminrote Schminke gedrückt und anschließend auf den gewünschten Hautbereich aufgetupft wird.

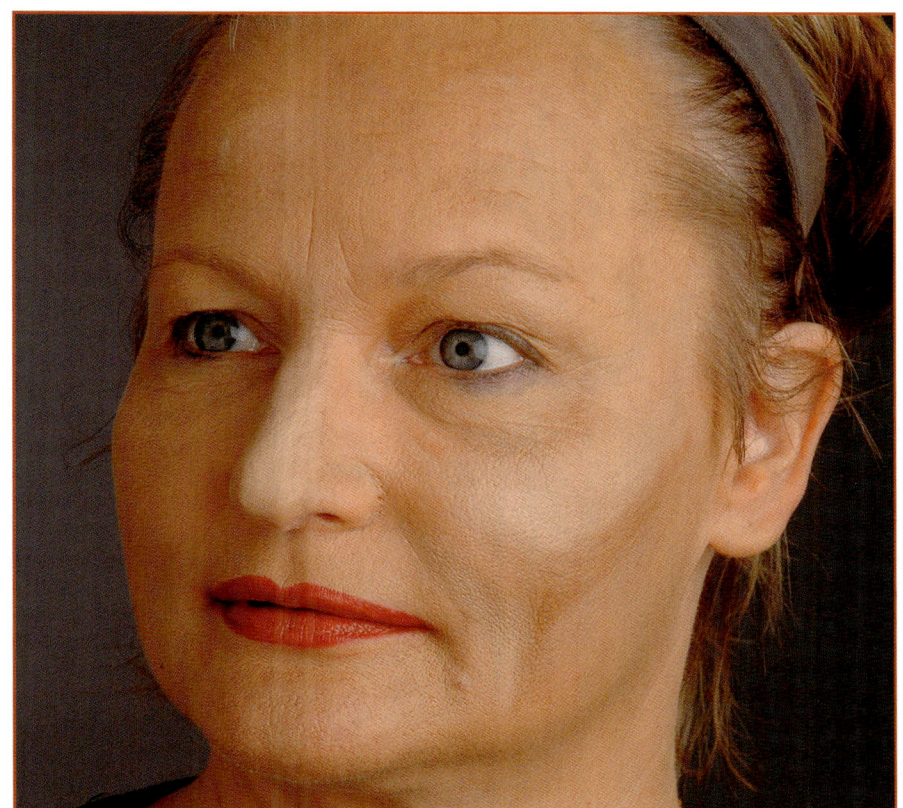

Oben: Der Eindruck eingefallener Wangen entsteht, wenn unterhalb des Wangenknochens die »hohle Stelle« in Form eines Y dunkel schattiert wird.

Unten: Couperose, das sind feine blaue Äderchen auf Nase und Wangen, sie werden mit einem speziellen Stoppel- oder Couperoseschwamm aufgetragen.

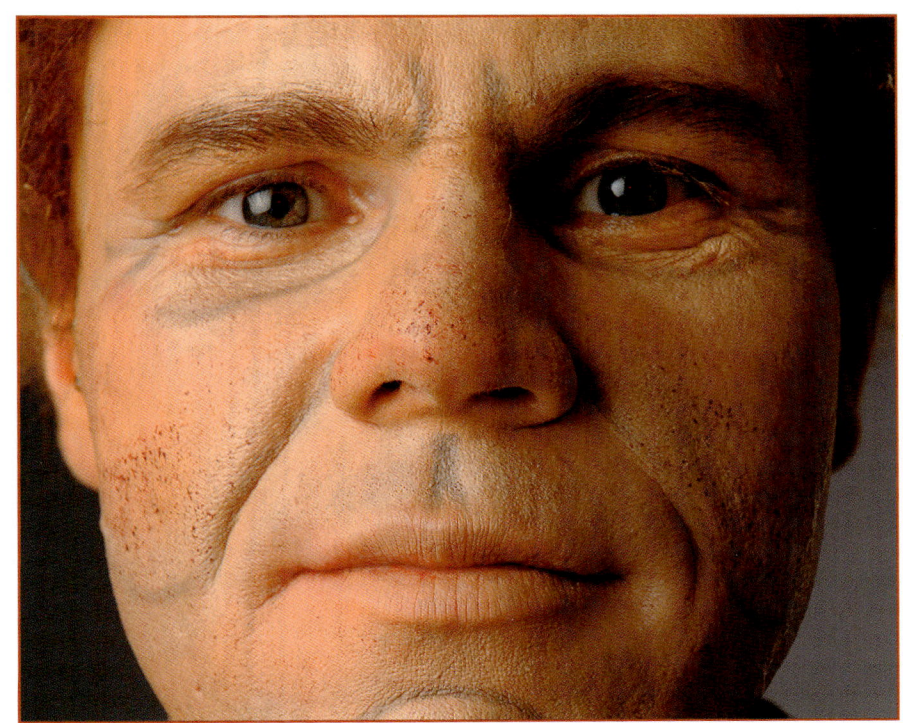

Veränderungen des Gesichts durch Schminken

Die Augen

Die Augen sind im Gesicht das Lebendigste und Ausdrucksvollste. Man muss daher der Augenpartie sehr viel Zeit beim Schminken widmen, denn die Augen dürfen im Theater auch auf den hintersten Plätzen ihre Wirkung nicht verfehlen. Da dunkle Farben optisch in den Hintergrund treten, werden kleine Augen mit hellen Farben betont.

Die Frau aus den 1940er Jahren. Ein dramatischer Blick hervorgerufen durch ein besonders auffälliges Augen-Make-up.

Die Frau aus den 1960er Jahren. Lange Wimpern und ein pastellartiges Augen-Make-up betonen und öffnen das Auge.

Die Ägypterin. Hier verändern die neue Form der Augenbrauen, die Farbe und Platzierung des Lidschattens sowie der Lidstrich nicht nur das Auge, sondern das gesamte Gesicht.

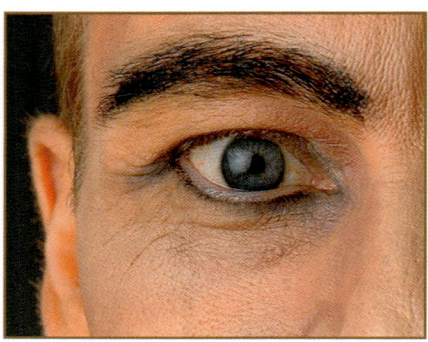

Der Araber. Auch Männeraugen sollten eingeschminkt werden. Die dunkle Umrahmung des Auges betont den orientalischen Eindruck.

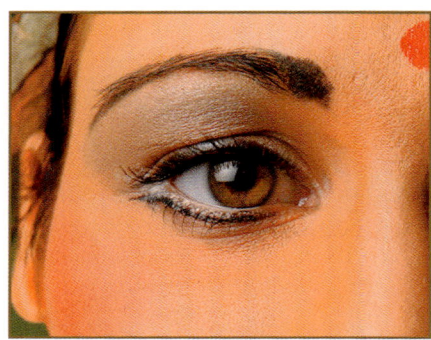

Die Inderin. Die neue Form der Augenbrauen und die Akzentuierung des äußeren Augenwinkels bestimmen hier das Augen-Make-up.

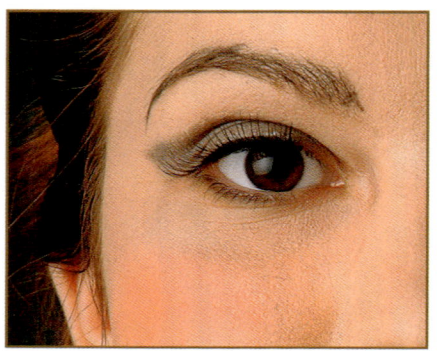

Die Charleston-Lady. Die Farbwahl des Lidschattens sowie seine Platzierung sind bei dieser Maske für den Gesamteindruck bestimmend.

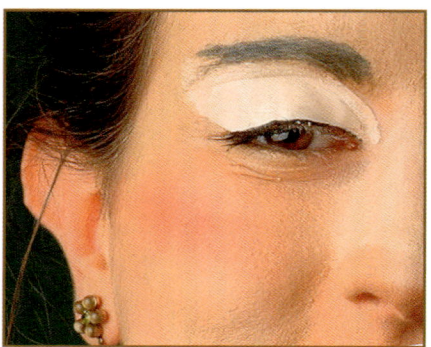

Die Asiatin. Der asiatische Eindruck wird hier maßgeblich durch die Form der Augenbrauen und die Betonung des Oberlides bestimmt.

Maskenbildnerisches Arbeiten

Augenlider asiatisch

Eine besondere Herausforderung beim Gestalten bilden die Augen eines anderen Volkstyps, insbesondere die Augen der Menschen aus dem asiatischen Raum. Deren Augenlider können als vorgefertigte Teile gekauft werden. Relativ einfach ist aber die folgende Methode mit Hilfe von Leukoplast-Streifen, die über das Augenlid geklebt werden, um die Augen schmäler zu machen.

So wird's gemacht

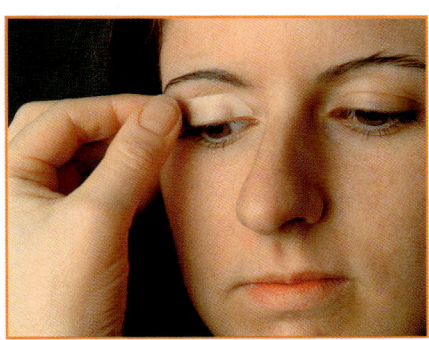

Schneiden Sie ein entsprechend langes Stück mattiertes Leukoplast ab. Runden Sie die Ecken mit einer Nagelschere. Kleben Sie das Band unterhalb der Augenbraue auf das Lid vom inneren Augenwinkel in einem leichten Bogen zum äußeren Augenwinkel und drücken Sie den Streifen vorsichtig an.

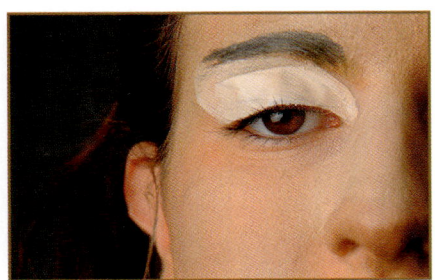

Zum Schluss wird das gesamte überklebte Lid mit Fettschminke stark aufgehellt.

Die Augenbrauen

Für manche Masken ist es notwendig, die Augenbrauenform zu verändern. Wenn der Augenbrauenwuchs nicht besonders ausgeprägt ist und die Augenbrauen sehr hell sind, reicht es zumeist aus, sie mit einem Grundteint abzudecken und mit dunklerer Schminke oder einem Dermatographen die Augenbraue neu nachzuziehen (siehe Seite 21). Manchmal muss die natürliche Augenbrauenlinie jedoch vollständig abgedeckt werden, bevor sie eine neue Form erhält. Das zeigen die folgenden Beispiele.

Methode 1: Ägypterin

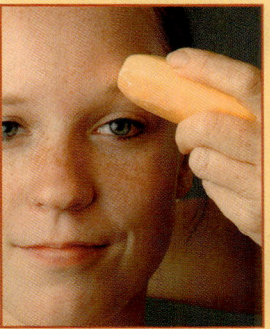  

Zuerst wird ein angefeuchtetes Stück Seife so lange über die Augenbrauen gerieben, bis diese flach anliegen.

Wenn die Seife getrocknet ist, wird die Augenbraue mit Fettschminke abgedeckt und anschließend gut abgepudert.

Dann wird die neue Augenbraue mit einem Dermatographen nachgezogen.

Methode 2: Teufel

 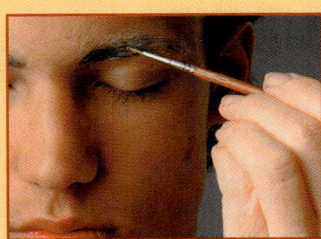 

Die Härchen der Augenbraue werden mit Mastix, einem speziellen Klebstoff (siehe Seite 33 ff. Bärte) eingestrichen und nach oben gekämmt, bis sie so flach wie möglich anliegen.

Nachdem das Mastix angetrocknet ist, wird etwas Spezial Plastic (siehe Seite 40, Spezialeffekte) auf die Augenbrauen gegeben und anschließend mit Siegeler eingestrichen.

Anschließend die Grundierung auf die abgedeckte Augenbraue auftragen und bei Verwendung von Fettschminken gut abpudern. Zum Schluss wird die neue Augenbrauenform aufgemalt.

Veränderungen des Gesichts durch Schminken

Die Nase

Schattieren

Zur Veränderung der Nase ergeben sich folgende Effekte durch Schattieren:

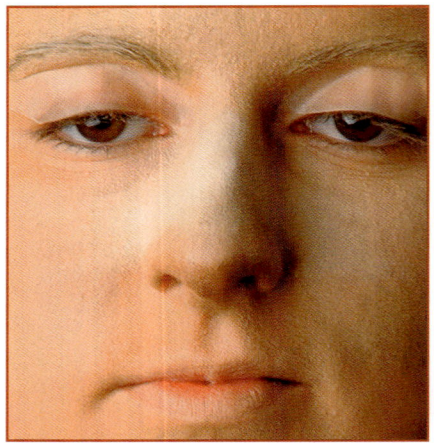

Lange Nasen
wirken kürzer, wenn sie außerhalb der Nasenlöcher schattiert werden. Sie wirken breiter, wenn man den Nasenrücken und die Nasenseiten stark aufhellt.

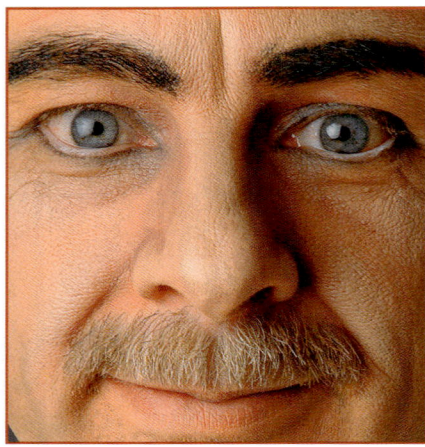

Eine breite Nase
wirkt schmaler, wenn die Nasenseiten entlang der Nasenflügel schattiert werden.

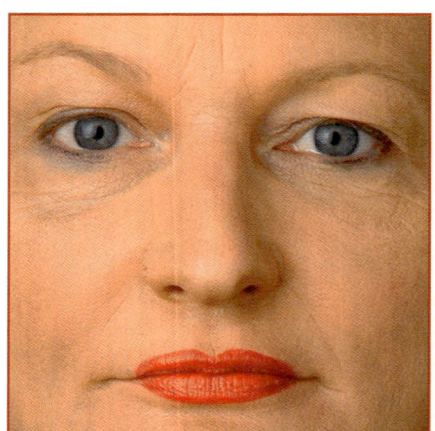

Eine zu kurze Nase
wird optisch verlängert, indem man den Nasenrücken bis in Höhe der Augenbrauen stark aufhellt.

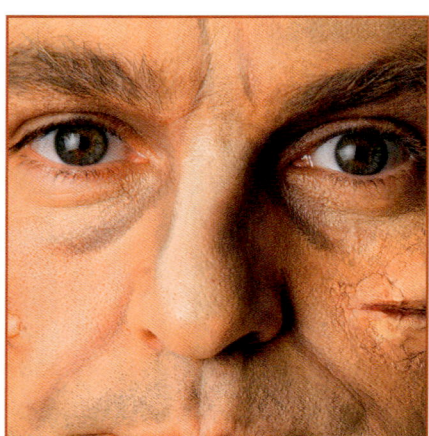

Eine gebrochene Nase
lässt sich schminken, indem man ein sehr helles Licht in gewünschter Form auf dem Nasenrücken laufen lässt. Die Partien daneben werden abschattiert, d. h., der Nasenrücken wird in dem Bereich dunkler, wo sich bei einer geraden Nase ein Licht befinden würde.

Nasenstöpsel einsetzen

Wird eine besonders breite Nase benötigt, so muss man sich mit einem kleinen Trick behelfen.

Von einem Sauger einer Babytrinkflasche wird der mittlere Teil herausgeschnitten.

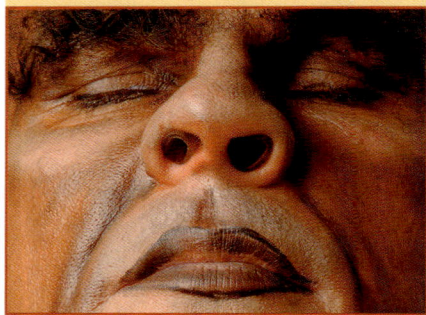

Nun wird dieses Teil vorsichtig in das Nasenloch eingeführt. Zum Durchatmen muss das Luftloch wirklich weit genug sein.

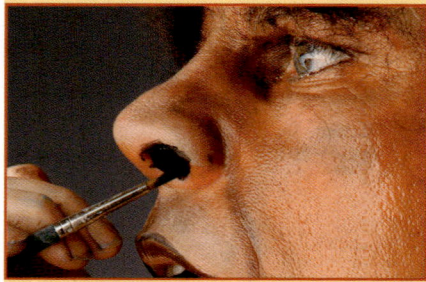

Abschließend werden die Innenseite des Stöpsels und der sichtbare Rand überschminkt.

Maskenbildnerisches Arbeiten

Der Mund

Bei Frauen ist es wesentlich einfacher, einen Mund größer oder kleiner zu schminken, da man hier mit Lippenschminke recht beherzt umgehen kann. Männerlippen sollten weniger betont werden, da sie sonst schnell zu weiblich wirken können.

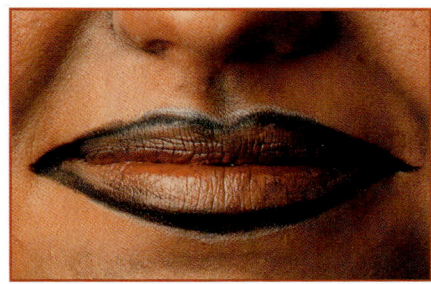

Dünne Lippen
wirken voller, wenn die Lippenlinie außerhalb der natürlichen Kontur gezogen wird. Verwenden sie außerdem einen dunkleren Lippenstift.

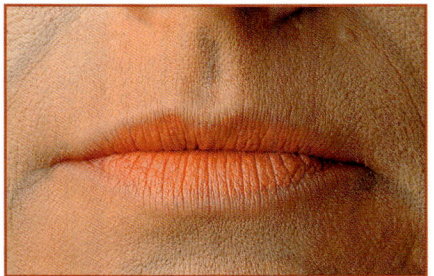

Fleischige Lippen
wirken dünner, wenn die Lippen beim Grundieren des Gesichts mit eingefärbt werden. Anschließend kann die Lippenlinie innerhalb der natürlichen Kontur gezogen werden. Für die Betonung einer dünnen Lippe empfiehlt sich ein hellerer, blasser Ton.

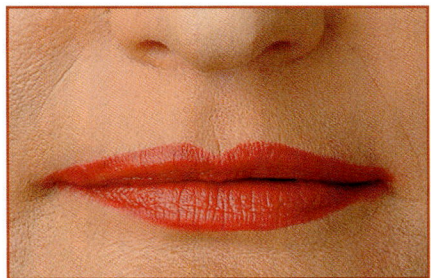

Ein kleiner Mund
lässt sich optisch vergrößern, wenn die Lippenkontur bis in den äußersten Mundwinkel und etwas über den oberen Rand gezogen wird.

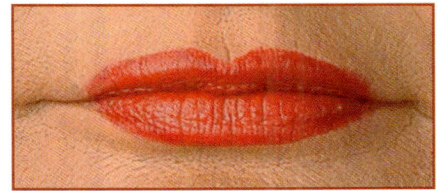

Ein zu breiter Mund
wird zum optischen Verkleinern zuerst mit Grundierung überdeckt. Anschließend werden die Lippen umrandet, aber nicht bis zu den äußersten Mundwinkeln. Dann erst werden sie zum sog. Geisha-Mund ausgemalt.

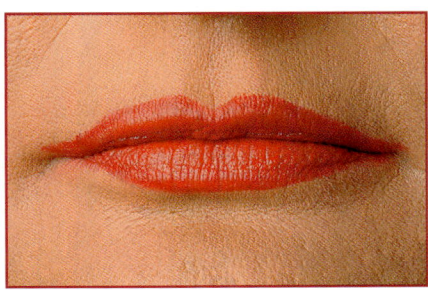

Herabgezogene Mundwinkel
lassen sich dadurch kaschieren, dass man die Unterlippe voller ausschminkt und die Kontur der Oberlippe an den äußeren Mundwinkeln leicht nach oben auslaufen lässt.

Die Zähne

Fehlstellungen, dunklere oder tote Zähne lassen sich mit hellem dunklem Zahnlack kaschieren.

Dabei sollte man keinen rein weißen verwenden, da dieser auffällt und eher unnatürlich wirkt.

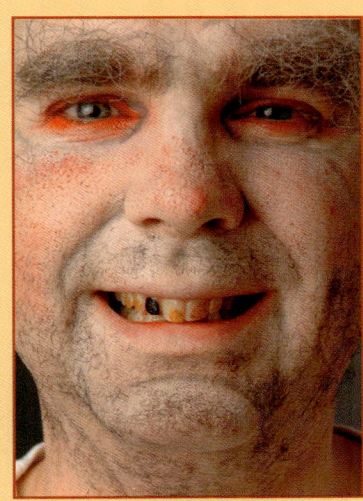

Soll ein Schauspieler der Rolle nach alt und hässlich wirken, kann man einige Zähne mit schwarzem Zahnlack unsichtbar machen oder mit braunem Zahnlack nikotinverfärbt oder verfault wirken lassen.

Veränderungen des Gesichts durch Schminken

Veränderungen mit Haarteilen und Glatzen

Künstliche Wimpern

Sie sind bei der Gestaltung einer weiblichen Maske eine sehr häufige und unerlässliche Requisite. Künstliche Wimpern gibt es in unterschiedlichen Längen und vor allem unterschiedlicher Dichte, auch mit Strass besetzt, zu kaufen.

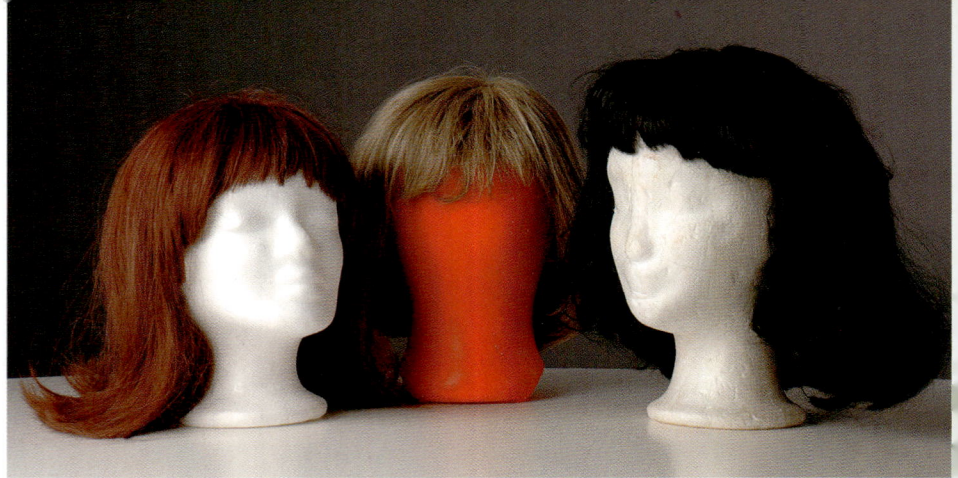

So wird's gemacht

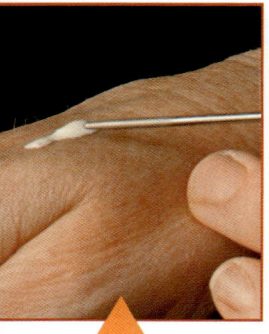 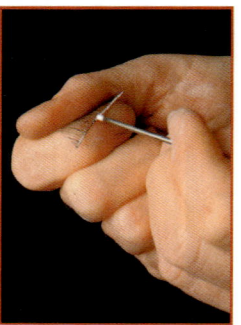

Mit einer Nagelschere schneiden Sie die künstliche Wimper passend auf die Breite des Augenlids zu. Befestigt werden die zurecht geschnittenen Teile mit einem speziellen Wimpernklebemittel. Den Kleber auf die Handoberseite geben und etwas davon auf die Spitze eines Stielkammes aufnehmen.

Oben rechts:
Nun die Wimpern von innen nach außen genau über den eigenen Wimpernansatz kleben. Mit der Spitze des Stielkammes vorsichtig andrücken. Trocknen lassen.

Die künstliche Wimper zwischen Daumen und Zeigefinger in der Länge einklemmen und den Rand mit dem Klebstoff bestreichen.

Haare und Perücken

Für jede Maske ist es unerlässlich, die Frisur und Haarfarbe anzupassen. Sie unterstreichen das entsprechende Alter und den Charakter der entsprechenden Rolle. Selbstverständlich lässt sich für jede Rolle eine entsprechende Perücke finden, jedoch ist das Arbeiten mit dem eigenen Haar des Schauspielers immer noch am einfachsten, natürlichsten und vor allem preiswertesten.

Für leichte Veränderungen braucht man nicht mehr als Bürste, Kamm und Haarspray. Manchmal kommt man aber auch um Lockenwickler oder Lockenstab, Gel oder Färbemittel nicht herum.

Abschließend die Wimpern vorsichtig mit Mascara tuschen.

Tipp
Bei aufwendigeren Frisuren mit Locken o. Ä. müssen die Haare vor dem Schminken aufgedreht oder hochgesteckt werden. Das spart Zeit und verhindert ein Verschmieren der fertig geschminkten Maske (siehe Seite 88f., Hollywood-Schönheit).

Maskenbildnerisches Arbeiten

Haare färben

In allen Drogeriemärkten gibt es Färbemittel, die für einen unterschiedlich langen Zeitraum die Haare in allen Farbvariationen tönen bzw. färben.

Tönungen sind in der Regel nach drei- bis viermaligem Waschen wieder aus den Haaren heraus. Dauerhafte Färbungen dagegen lassen sich jedoch nur durch Herauswachsen und anschließenden Haarschnitt wieder entfernen.

Färbende Haarsprays

Sollen die Haare nur für einen Auftritt gefärbt werden und will man nicht für die Gesamtdauer einer Inszenierung mit gefärbtem Haar herumlaufen, greift man besser zu einem Haarspray, das die Haare für eine begrenzte Zeit in jede gewünschte Farbe bringt. Diese Haarsprays sind in allen möglichen Farben erhältlich.

Beim Auftragen des Sprays muss unbedingt darauf geachtet werden, dass keine Farbe auf das Gesicht gelangt. Daher schneidet man sich am besten vorher eine Schablone aus festem, genügend großem Fotokarton zurecht und schirmt damit das Gesicht ab.

Will man nur einzelne Strähnen färben, so schlitzt man den Karton in der Mitte ein und zieht die zu färbende Strähne hindurch. Anschließend wird die Strähne glatt gekämmt und auf dem Karton angesprüht. Nach einer kurzen Trocknungszeit kann man die Strähne wieder herausziehen und auskämmen.

Beim Aufsprühen der Haarfarbe schützt eine Schablone aus Karton das fertig geschminkte Gesicht.

Haarmascara

Es gibt inzwischen auch sog. Haarmascara in allen Farben. Damit lassen sich einzelne Strähnen, vor allem im langen Haar, gut färben.

Färben mit Schminke

Natürlich lassen sich einzelne Haarpartien auch mit Fettschminke oder Wasserschminke färben. Besonders für Haarsträhnen oder den Bereich der Schläfen ist diese Methode gut geeignet. Denken Sie jedoch daran, dass die Schminke an Hüten oder Händen abfärben kann.

Zum Färben einer einzelnen Haarsträhne wird diese durch einen aufgeschlitzten Karton gezogen.

Graue Haare

Die einfachste Methode Haare ergrauen zu lassen, ist, sie mit Talkum abzupudern. Dadurch wirken die Haare jedoch eher stumpf. Außerdem haftet der Puder nicht optimal.

Jede zuvor beschriebene Färbemethode lässt sich selbstverständlich auch für grau zu färbende Haare anwenden.

Tipp

Achten Sie darauf, dass der Grauton nicht zu weiß gerät, da die Haare unter der Bühnenbeleuchtung eher bläulich und dadurch unnatürlich wirken.

Veränderungen mit Haarteilen und Glatzen

Perücken

Perücken gibt es in verschiedenen Ausfertigungen. Man unterscheidet hauptsächlich Echthaar- und Kunsthaarperücken. Letztere lassen sich in gut sortierten Warenhäusern für relativ wenig Geld erstehen.

Perückenhaare sind grundsätzlich auf ein Gewebe geknüpft. Das häufigste Problem unnatürlich wirkender Perücken ist der sog. »harte Rand« am vorderen Haaransatz, der sich aber kaschieren lässt. Das geht folgendermaßen:

– Man kämmt das Perückenhaar zu einem Pony nach vorn und kaschiert so den Rand.

– Oder man kämmt einen schmalen Streifen des eigenen Haares in das Gesicht. Dann setzt man die Perücke so auf, dass die eigenen Haare unter dem »harten Rand« noch etwas hervorschauen.

– Anschließend kämmt man das eigene Haar zurück und fixiert es, notfalls mit dünnen Haarklemmen. Gegebenenfalls muss abschließend das eigene Haar mit Tönungsspray dem Perückenhaar farblich angepasst werden.

Aufsetzen einer Perücke

Bevor eine Perücke aufgesetzt werden kann, muss das eigene Haar besonders eng am Kopf anliegen. Kurzes Haar ist dabei unproblematisch. Längere Haare werden stramm nach hinten gekämmt, mit einem Haargummi zusammengehalten und anschließend am Hinterkopf festgesteckt.

Damit das Haar glatt am Kopf verbleibt, wird eine »Strumpfmütze« übergezogen. Dazu nimmt man einen Nylonstrumpf, dessen oberer Teil abgeschnitten wird. Das abgeschnittene Ende wird verknotet. Dann zieht man die »Mütze« über den Kopf.

So wird's gemacht

Die »Mütze« in der Mitte der Stirn festhalten und nach hinten über das eigene Haar zurückziehen bis der Vorderrand der »Mütze« den vorderen Haaransatz erreicht. Die Ohren müssen frei bleiben. Ggf. wird die »Mütze« mit Haarklemmen festgesteckt.

Auch die Perücke wird nun von vorne nach hinten übergezogen. Dabei den vorderen Rand mit den Fingern festhalten. Die Perücke wird bis zum vorderen Haaransatz zurückgeschoben.

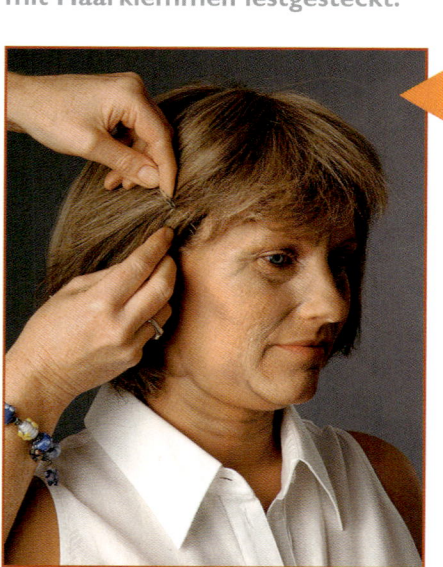

Nun wird die Perücke mit großen Haarnadeln festgesteckt. Dafür wird zunächst die Nadel am Haaransatz von hinten nach vorne durch die Perücke geschoben und anschließend die Haarnadel umgedreht und nach hinten unter die Strumpfmütze ins Haar geschoben. Diese Befestigungstechnik wiederholen Sie an verschiedenen Stellen der Perücke. Zwei Haarnadeln am vorderen Haaransatz je links und rechts, und zwei an den jeweiligen Halsseiten sind zumeist ausreichend.

Maskenbildnerisches Arbeiten

Bärte

Im Fachhandel sind Bärte aus Echt- oder Kunsthaar (Wollkrepp) in allen Varianten erhältlich. Sie werden immer mit Mastix angeklebt. Mastix ist ein spezieller Klebstoff für künstliche Bärte und Perücken. Er ist mit Spiritus oder einem speziellen Mastix-Entferner wieder lösbar. Der Bart wird erst nach dem Auftragen und Abpudern der Grundierung angeklebt, weil es wesentlich hautschonender ist.

Bartteile werden meistens mit einem sehr breiten Tüllrand geliefert. Dieser wird sorgfältig beschnitten, damit er nach dem Ankleben nicht mehr sichtbar ist. Beschneiden Sie ihn aber nicht zu nah am Haaransatz.

Das Anfertigen von Bärten

Auf Tüll geknüpfte Bartteile sind sehr teuer. Daher sind selbst hergestellte Bärte aus Wollkrepp in geflochtenen Strängen eine preisgünstige Alternative. Außer dem gekauften Wollkrepp, der in verschiedenen Farbtönen (hier in Grau) erhältlich ist, benötigt man nur noch eine Schere und ein kleines fusselfreies Tuch.

So wird's gemacht

Gekräuseltes Barthaar herstellen

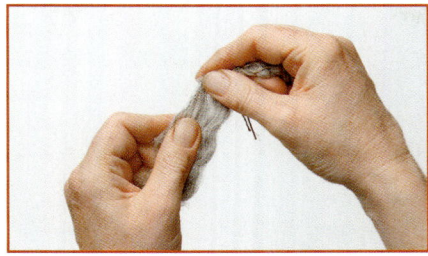

Lösen Sie die im Wollkrepp eingeflochtene Schnur und fächern Sie die Haare auf.

Ziehen Sie vorsichtig durch Hin- und Herdrehen des Stranges ein Haarbüschel heraus.

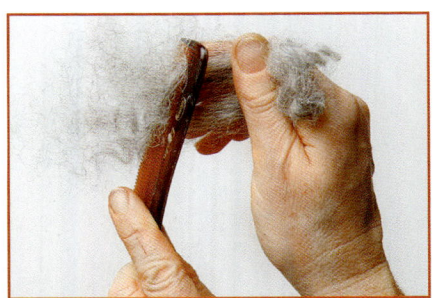

Halten Sie das eine Ende des Haarbüschels fest und kämmen Sie es aus. Nun können Sie es entsprechend zurechtschneiden und ankleben.

Glattes Barthaar herstellen

Schneiden Sie aus dem von der eingeflochten Schnur gelösten Strang ein etwa 15 Zentimeter langes Stück ab.

Halten Sie das Stück an beiden Enden fest und bewegen Sie es vorsichtig in einer Schüssel mit lauwarmem Wasser so lange hin und her, bis die Locken verschwinden.

Die Haare abtropfen lassen und zum Trocknen auf ein Tuch oder Löschpapier legen. Wiederholen Sie den Vorgang so oft, bis Sie genügend Strähnen haben. Die Haare gut trocknen lassen und dann zum weiteren Glätten zwischen den Seiten eines Buchs aufbewahren.

Veränderungen mit Haarteilen und Glatzen

Das Anbringen von Bärten

Zum richtigen Verständnis: Hier wird nur das Anbringen von Kinn- und Backenbart beschrieben. Das Modell trägt einen gewachsenen Schnurrbart, der nur eingefärbt ist.

Die Bartteile

Für die untere Bartreihe wird nochmals geteilt in ein mittleres Bartteil für unterhalb des Kinns und in zwei längliche kurze Teile für die Kieferränder.

So wird's gemacht

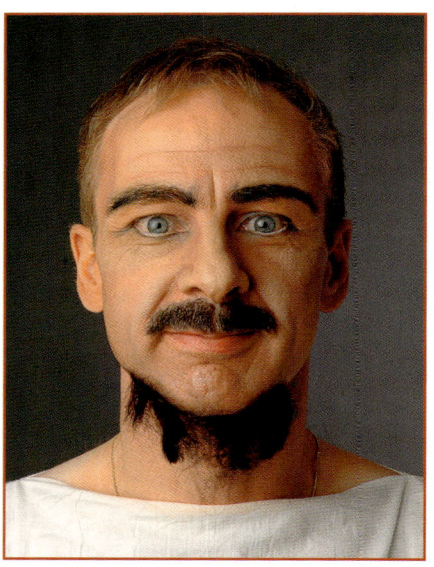

Teilen Sie zwei vorbehandelte (hier schwarze und glatte) Haarsträhnen jeweils in etwa drei gleich große Teile. Das mittlere Teil sieht hier rechteckig aus, die beiden Endstücke sind ausgefranst.

Legen Sie die beiden ausgefransten Teile vorerst beiseite. Sie brauchen Sie vielleicht später, um eventuell noch vorhandene Lücken im Bart aufzufüllen. Das mittlere rechteckige, etwa 12 cm lange Teil wird in der Mitte durchgeschnitten für die obere und untere Bartreihe.

Für die obere Bartreihe ist das w-förmig zugeschnittene Teil. Es ist für das Kinn unterhalb der Lippe. Die zwei länglichen kurzen Teile sind für sind ebenfalls für die Kieferränder.

Bepinseln Sie die gesamte Kinnpartie mit Mastix. Gut abtrocknen lassen. Anschließend bestreichen Sie die untere Kinnpartie nochmals dünn mit Mastix und legen die bereits zugeschnittenen unteren Barthaare an die Unterseite des Kinns. Mit einem sauberen, angefeuchteten Tuch fest andrücken.

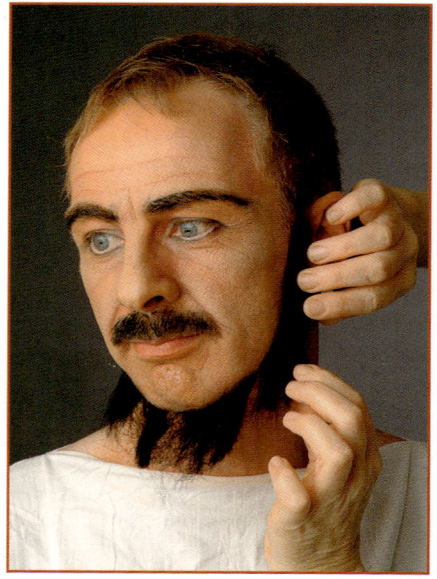

Gehen Sie so nun auch mit dem Backenbart rechts und links vor.

Maskenbildnerisches Arbeiten

Zuletzt wird der Kinnbart unterhalb der Lippe angeklebt und eventuell noch vorhandene Lücken mit den anfangs beiseite gelegten Haarsträhnen aufgefüllt.

Zu guter Letzt wird der Bart noch in Form geschnitten.

So wird's gemacht

Stoppelbart

Mit Wollkrepp lässt sich auch ein Drei-Tage-Bart vortäuschen. Sie brauchen dazu nur noch Stoppelpaste und einen dickeren Pinsel.

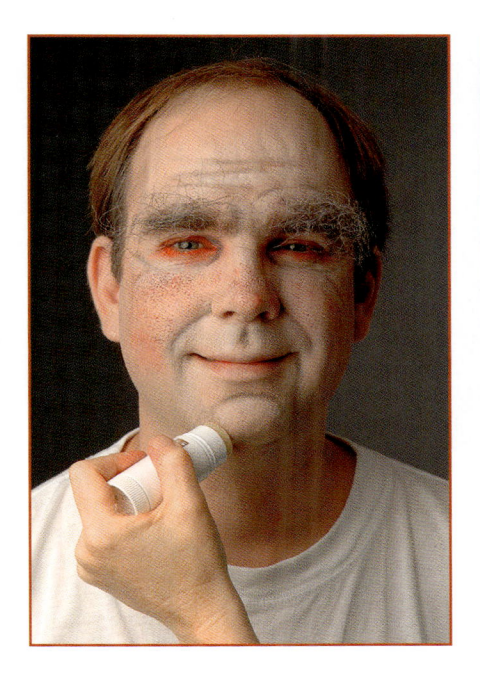

Schneiden Sie aus dem Wollkrepp kleine 2 bis 3 mm lange Stücke, die Sie in einem Gefäß oder auf einem Teller sammeln. Tragen Sie die Stoppelpaste auf das Gesicht in der gewünschten Form auf.

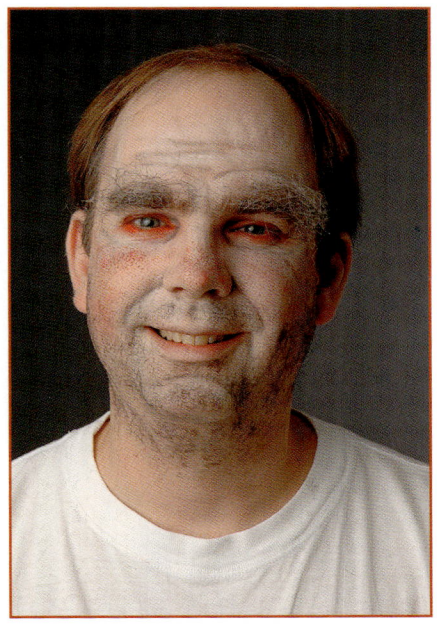

Der kurz geschnittene Wollkrepp wird mit dem Pinsel aufgenommen und auf der Stoppelpaste verteilt. Überflüssige Haare werden mit reibenden Bewegungen des Pinsels entfernt. Vergessen Sie nicht, auch den Hals mit Stoppeln zu versehen.

Tipp

Mit etwas Schminke und einem Gummiporenschwamm lässt sich ein Drei-Tage-Bart auch einfach auftupfen.

Veränderungen mit Haarteilen und Glatzen

Glatzen

Die Herstellung einer Glatze

Der Fachhandel bietet fertige Glatzen aus Gummi an, die aber nicht so gut sind wie selbst hergestellte. Profimäßiger und sogar preisgünstiger und relativ einfach selbst herzustellen sind Glatzen aus Glatzan. Das ist ein farbloser flüssiger Kunststoff, der allerdings wegen der enthaltenen Lösemittel während der Verarbeitung gesundheitsschädlich und zudem feuergefährlich ist.

Weiterhin benötigen Sie einen Plastikkopf, Aceton, ein kleines Gefäß, einen breiten Pinsel, Talg- oder Gesichtspuder.

Nehmen Sie die Arbeit wegen der gesundheitsschädlichen Lösemittel nur in einem gut belüfteten Raum vor.

Das Material zur Glatzenherstellung: Glatzan und Aceton, dazu Puder, ein Plastikkopf und ein Pinsel.

So wird's gemacht

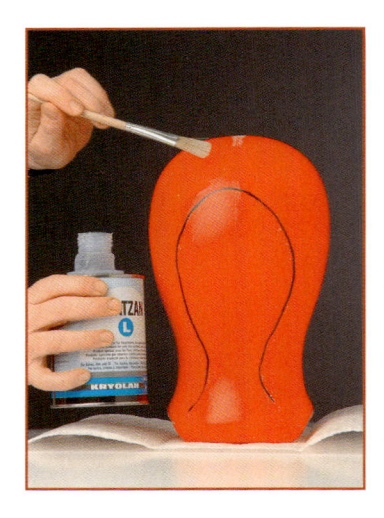

Malen Sie auf den Plastikkopf mit einem wasserfesten Stift den Umriss des Gesichts. Geben Sie etwas Glatzan in die Schüssel und streichen Sie es in vier Lagen auf den Plastikkopf. Vor dem Aufstreichen jeder neuen Lage Glatzan trocknen lassen. Gehen Sie systematisch vor, weil der Auftrag – farblos und rasch trocknend – kaum zu sehen ist. Dünne Stellen der entstanden Folie können sonst später reißen.

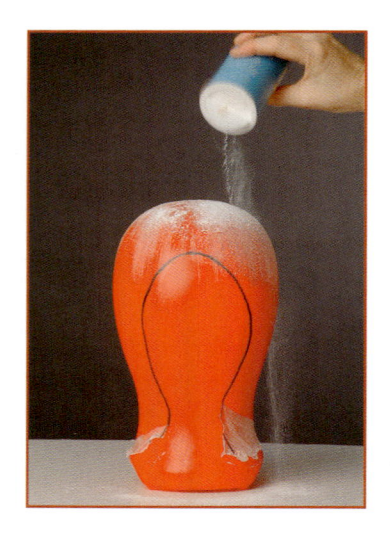

Nach dem Trocknen der letzten Lage wird der gesamte Kopf sorgfältig überpudert.

Die so entstandene Folienhaube wird, beginnend von der Unterseite am Hinterkopf und den vorderen Seitenrändern, vorsichtig abgelöst. Nach und nach werden beim Abziehen die Innenseiten der Folie abgepudert.

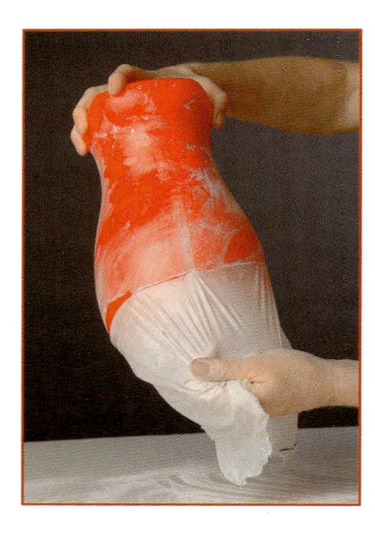

Unter ständigem Pudern wird die Kappe von hinten nach vorne weiter gelöst, bis sie vollständig vom Plastikkopf entfernt ist. Es ist empfehlenswert, abschließend die Kappe nochmals innen und außen zu pudern.

Das Aufsetzen der Glatze

So wird's gemacht

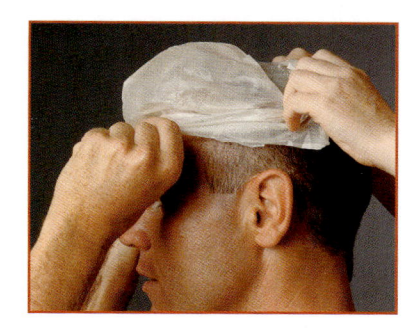

Das Haar wird so glatt wie möglich zurückgekämmt, notfalls mit einem Gel fixiert. Dann die Folienhaube (ab jetzt Glatze genannt) von vorne über den Kopf ziehen.

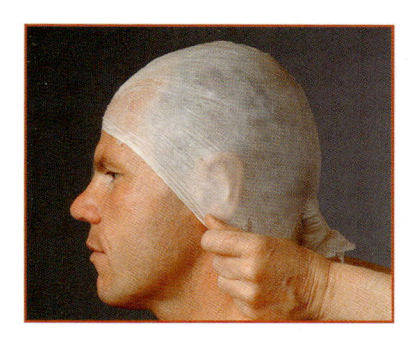

Die Kappe möglichst weit über den Kopf in den Nacken ziehen und dabei eventuell entstandene Luftblasen rausdrücken. Der vordere Rand muss glatt am Kopf anliegen.

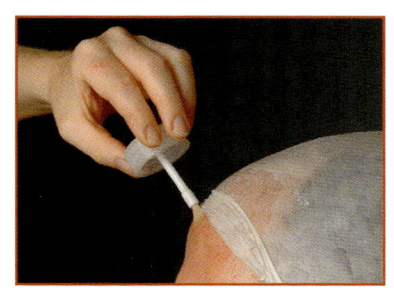

Die Glatze vorne mit Mastix ankleben. Dafür den Rand hochklappen und mit einem Pinsel den Klebstoff anbringen und trocknen lassen.

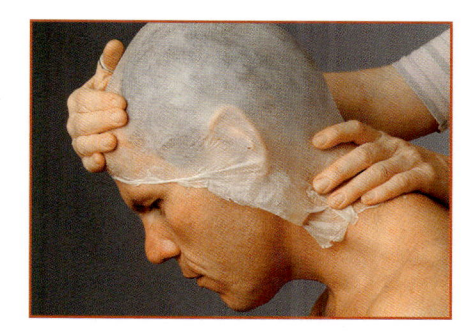

Um zu vermeiden, dass die Glatze bei normaler Kopfhaltung Falten schlägt, wird der Kopf in den Nacken gelegt und der hintere Rand ebenfalls festgeklebt. Die Klebestellen an Nacken und Stirn gleich-zeitig fest andrücken, bis das Mastix getrocknet ist.

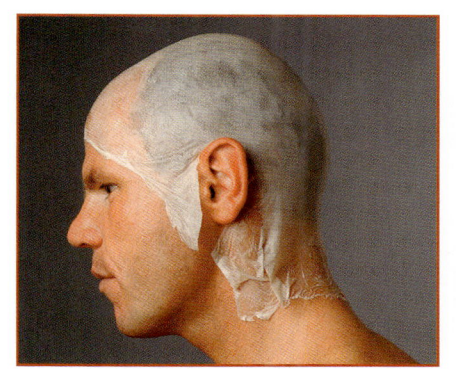

Für die Öffnung der Ohren wird die Kappe seitlich eingeschnitten. Die beiden so entstandenen Lappen werden auseinander gezogen, aber nur so weit, dass das Schläfenhaar noch bedeckt ist. Falls nötig (aber möglichst vermeiden) wird der vordere Rand zurückgeschnitten und mit Mastix verklebt. Auch die restlichen Ränder festkleben und dabei darauf achten, dass die zu klebenden Teile immer straff gezogen sind.

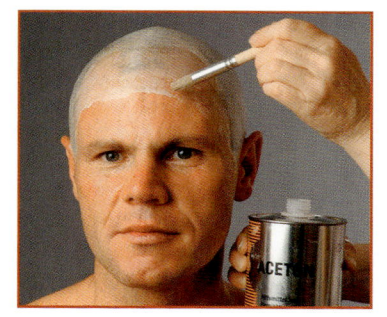

Um den Übergang von der Haut zur Glatze möglichst unsichtbar zu machen, können mit einem in Aceton getauchten Pinsel die Ränder ausgedünnt werden. Gehen Sie jedoch vorsichtig vor, da zu viel Aceton das Material auflöst und eventuell Hautirritationen hervorgerufen werden können.

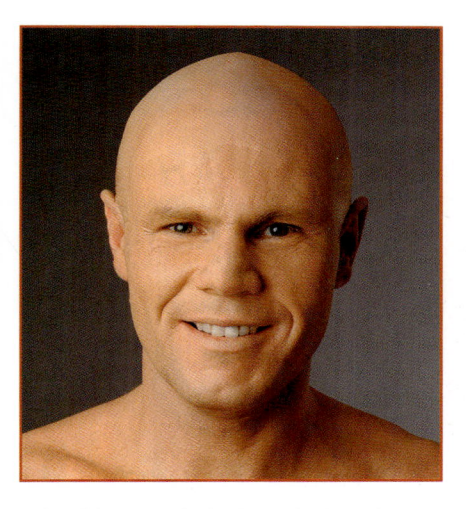

Die Glatze wird abschließend in der entsprechenden Farbe überschminkt. Aquaschminke, in zwei Lagen aufgebracht, eignet sich am besten. Bei der Verwendung von Fettschminke sollten Sie eine Spezialschminke verwenden (siehe Seite 10f.), da diese auf dem Kunststoff besser haftet. Die Glatzen sind bei sorgfältiger Behandlung auch wieder verwendbar. Sie werden nach jeder Aufführung mit Wasser und Seife abgewaschen, gut getrocknet, nochmals abgepudert und luftig gelagert.

Veränderungen mit Haarteilen und Glatzen

Veränderungen durch dreidimensionales maskenbildnerisches Arbeiten

Trotz der Möglichkeiten mit Farbe, Licht und Schatten die Mimik des Schauspielers zu dramatisieren oder Haut altern zu lassen, reicht vor allem in der Profilgestaltung des Gesichts die Farbe nicht aus. So muss man zu künstlichen Fertigteilen, plastischen Massen oder anderen Tricks greifen, um den gewünschten Effekt zu erzielen.

Künstliche Teile

Es gibt im Fachhandel allerhand vorgefertigte künstliche Teile, besonders zur Veränderung von Kinn- und Nasenpartien. Der Vorteil dieser Plastiken ist, dass sie bei sachgemäßem Anbringen relativ fest sitzen und ziemlich lange wieder verwendbar sind. Gerade große, künstliche Teile wie zum Beispiel Kinnteile oder Hörner lassen sich darüber hinaus nicht ohne weiteres aus den verschiedenen plastischen Massen modellieren. Für viele Teile wäre auch der Zeitaufwand zur Herstellung viel zu groß.

Der Nachteil der künstlichen Teile ist jedoch, dass sie recht teuer sind und idealer Weise auch nach Maß angefertigt sein sollten, da die Anatomie von Mensch zu Mensch unterschiedlich ist.

Künstliche Teile werden grundsätzlich vor dem Schminken angebracht. Dafür wird die Haut an der Stelle mit Gesichtswasser fettfrei gemacht, an der das künstliche Teil befestigt werden soll.

So wird's gemacht

Der Rand der Gummiteile wird vorsichtig mit Mastix bestrichen. Den Kleber lässt man kurz antrocknen, bevor man das Teil auf die Haut aufbringt.

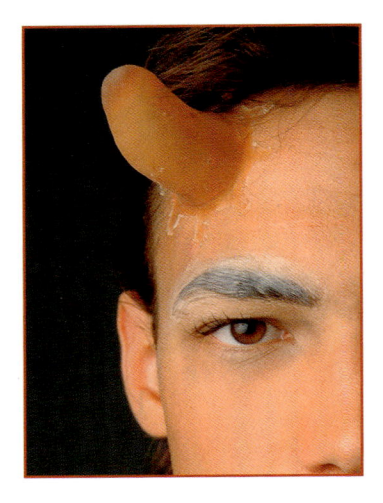

Das künstliche Teil wird an der passenden Stelle aufgesetzt, die Ränder mit dem Finger vorsichtig und gleichmäßig angedrückt.

Vor dem Überschminken können die Ränder mit Aceton ausgedünnt werden. In diesem Fall wurde Nasenkitt um die Hörner gelegt.

Anschließend werden die Gummiteile genau wie das restliche Gesicht grundiert und geschminkt. Bei der Verwendung von Fettschminke sollten Sie »Spezialteint« verwenden.

Zum Entfernen des Gummiteiles benutzen Sie am besten speziellen Mastix-Entferner. Tauchen Sie dafür ein Wattestäbchen in die Lösung und schieben Sie es vorsichtig zwischen Gummiteil und Haut. Nun fährt man vorsichtig am Rand entlang und löst so das Gummiteil nach und nach von der Haut ab.

Plastische Massen

Künstliche Gummiteile für Nasen oder Ohren, für auftragbare Wunden und Narben gibt es im Fachhandel in allen Facetten zu kaufen. Häufig ist es jedoch schwierig, das Passende zu finden.

Da ist das Selbermachen der Spezialeffekte meistens besser und dazu noch eine preisgünstige Alternative. Gearbeitet wird mit plastischen Massen, wie Nasenkitt oder einer Modelliermasse wie Spezial Plastic, da diese sich leicht formen lassen. Allerdings kann Spezial Plastic durch Anstoßen leichter beschädigt werden. Es muss deshalb vor dem Schminken mit einer Schutzschicht aus Siegeler versehen werden.

Nasenkitt wird in Stangen geliefert und, wie der Name schon sagt, meistens zum Modellieren von verschiedenen Nasenformen benutzt. Natürlich kann man auch alle anderen Gesichtsteile wie Ohren, Kinn oder Tränensäcke damit ausmodellieren und verändern.

Genau wie beim Aufbringen der künstlichen Teile muss die entsprechende Hautpartie vor dem Aufbringen mit Gesichtswasser fettfrei gemacht werden.

Tipp
Benutzen Sie Nasenkitt für größere Teile und Spezial Plastic für kleinere plastische Arbeiten.

Nasen

So wird's gemacht

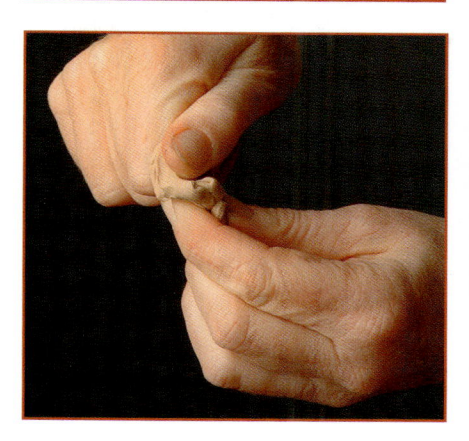

Brechen Sie ein kleines Stück Nasenkitt von einer Stange ab und kneten Sie es weich und formbar.

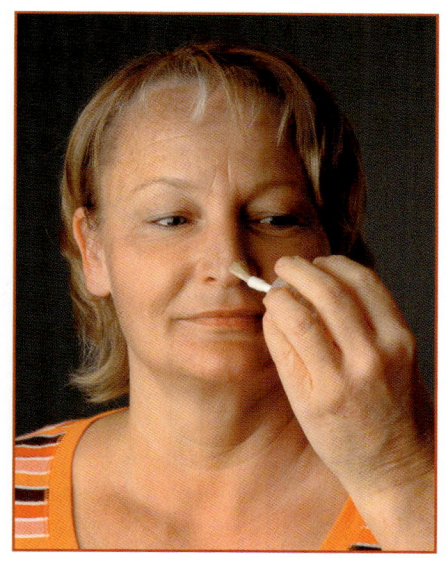

Streichen Sie den Hautbereich mit Mastix ein.

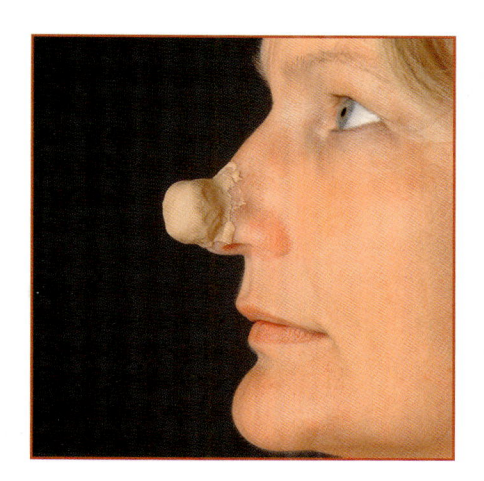

Nun drücken Sie die Knetkugel auf den Hautbereich – hier ist es die Nase – wo Sie formen wollen und pressen die Masse vorsichtig an. Modellieren Sie nun in die gewünschte Form und dünnen Sie den Kitt zum Rand hin aus.

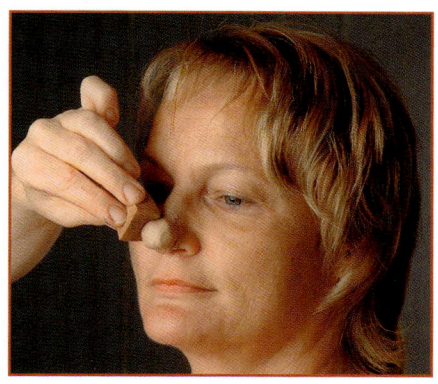

Wenn die Ränder ausgedünnt sind und der Übergang unsichtbar ist, kann die Grundierung vorsichtig tupfend aufgebracht werden.

Tipp
Wenn Sie Aquaschminke benutzen, können Sie den Nasenkitt vorher mit einer dünnen Lage Zellstoff abdecken, die mühelos zu überschminken ist. Dadurch bleibt der Nasenkitt sauber und lässt sich später nochmals verwenden.

Veränderungen durch dreidimensionales maskenbildnerisches Arbeiten

Wunden

Das wird gebraucht

- Spezial Plastic
- Kleber Mastix
- Versiegelungsflüssigkeit Siegeler
- Schminke dunkelrot, braun und schwarz
- Theaterblut

So wird's gemacht

Schnittwunden

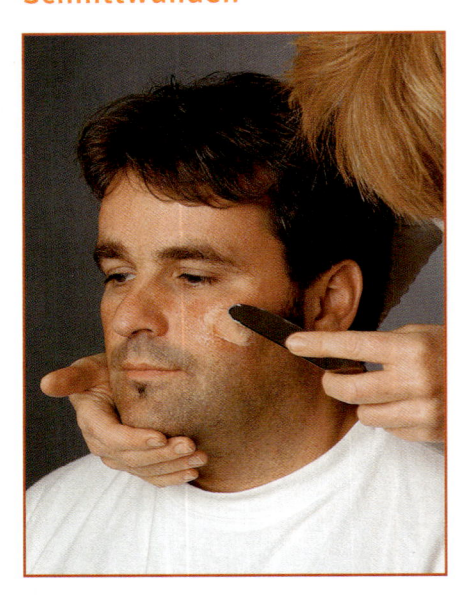

Die vorgesehene Hautpartie mit Mastix bestreichen, bevor auf diese Stelle mit einem Spachtel Spezial Plastic aufgebracht wird. Die Ränder werden dabei ganz dünn ausgestrichen, damit sie möglichst unauffällig wirken.

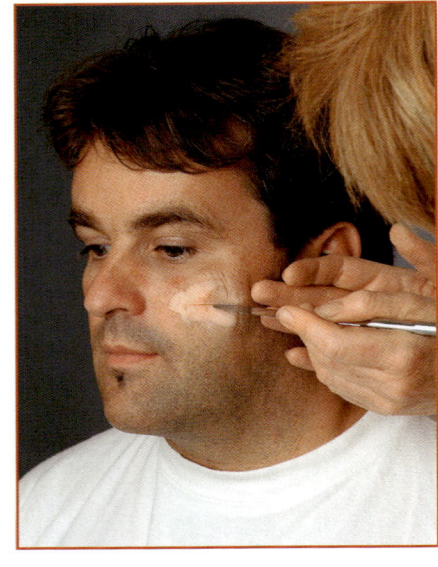

Mit der stumpfen Seite eines Messers wird vorsichtig ein Schnitt in die Plastikschicht gelegt und diese Stelle als Wunde behutsam ausgeweitet.

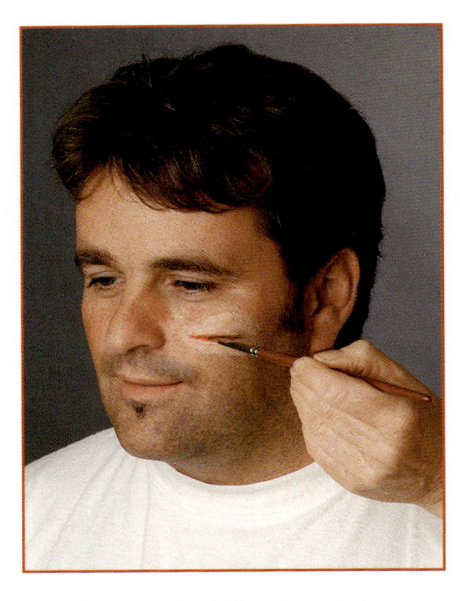

Das Innere der Wunde wird mit dunkelroter und brauner Schminke eingefärbt.

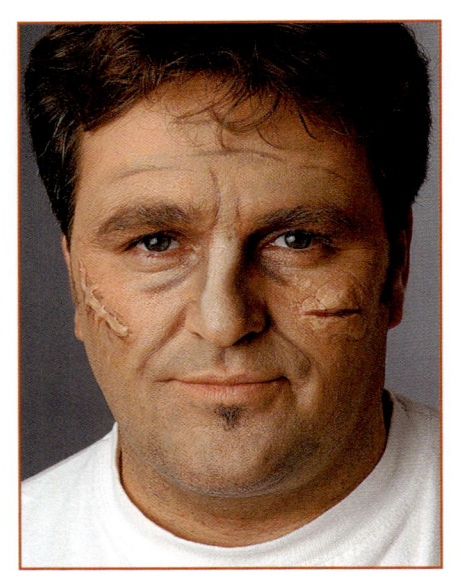

Die ganze Wunde dünn mit Siegeler bestreichen. Alles gut trocknen lassen. Die Wundränder werden noch mit der Grundierung überschminkt, damit sie sich dem restlichen Hautton gut anpassen.

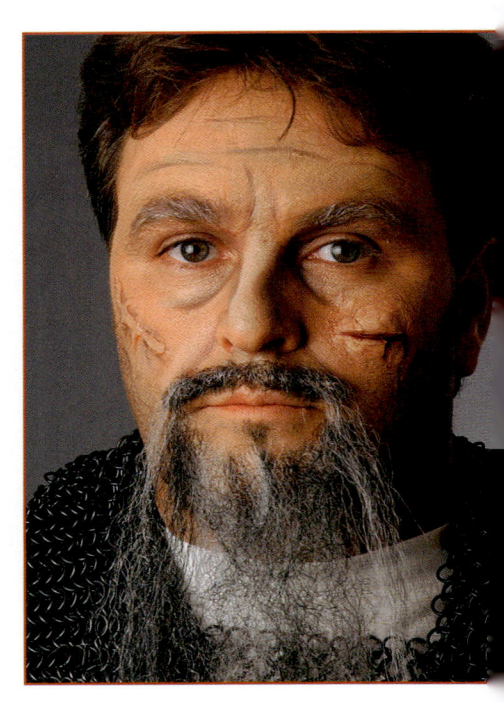

Zum Schluss kann man etwas Theaterblut in die Wunde geben. Am besten eignet sich dafür Fixblut aus der Tube, da es sehr schnell trocknet.

Schusswunden

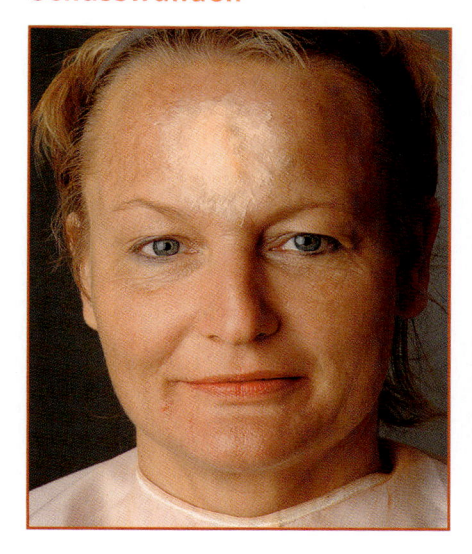

Bei einer Schusswunde geht man zunächst genauso vor wie bei einer Schnittwunde. Die Hautpartie wird wieder mit Mastix eingestrichen und anschließend Spezial Plastic aufgebracht.

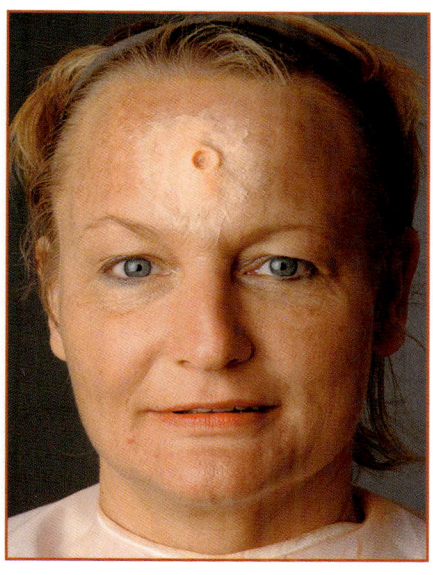

Nun drückt man das stumpfe Ende eines Bleistiftes in das Spezial Plastic, um damit das Einschussloch anzudeuten.

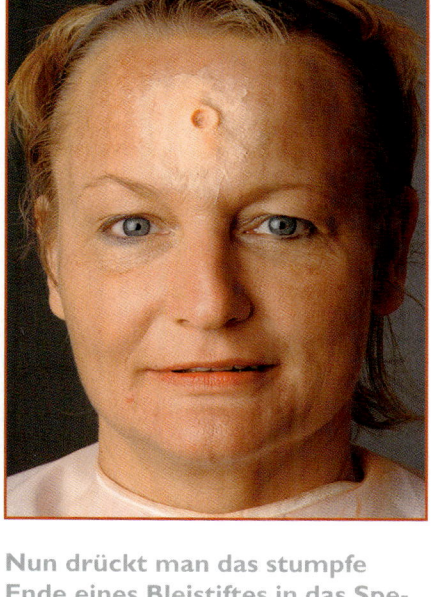

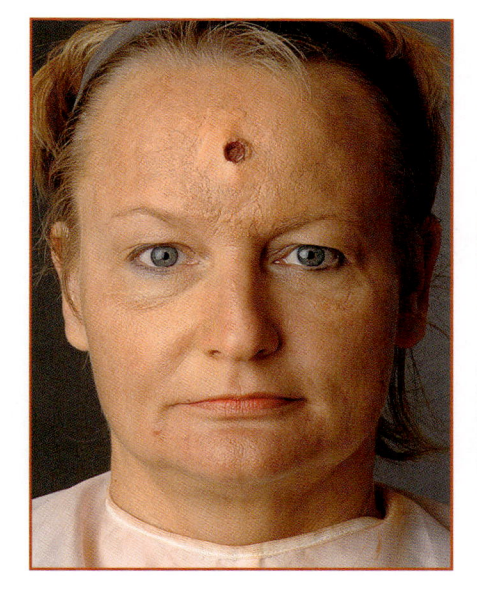

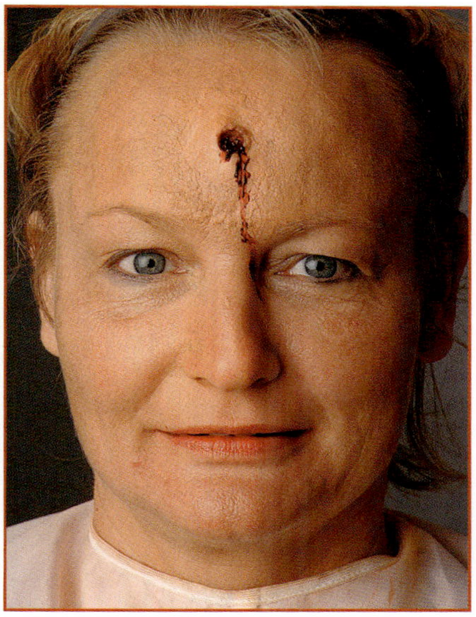

Das Loch wird anschließend mit einer Mischung aus roter und schwarzer Schminke ausgemalt, um verkohltes Fleisch an der Einschussstelle vorzutäuschen. Abschließend wird die Wunde wieder dünn mit Siegeler überzogen und mit Grundierung der umgebenden Haut entsprechend angepasst.

Oben rechts:
Auch hier kann mit Fixblut ein dünnes Blutgerinnsel angebracht werden, das aus der Schusswunde läuft.

Schürfwunden

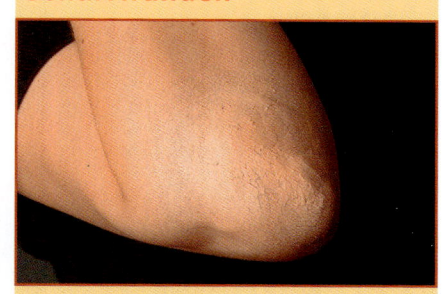

Wie bei der Schnitt- und Schussverletzung wird eine Stelle mit Mastix eingestrichen und Spezial Plastic aufgebracht. Anschließend die umgebende Haut und die Wunde mit Grundierung versehen und abpudern.

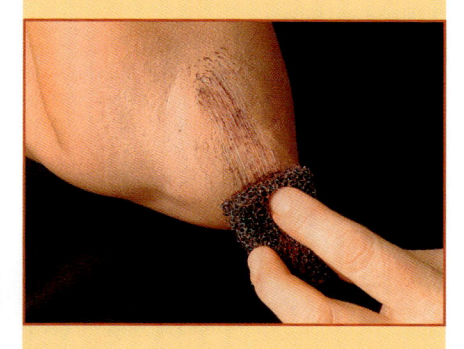

Ein Stoppelschwamm wird in rote Fettschminke getaucht und dann durch die Modelliermasse gezogen.

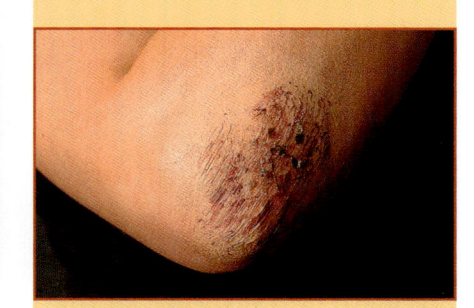

In die tiefsten Stellen dunkelrote und schwarze Schminke mit einem Pinsel einmalen, um Verkrustungen und Schmutz vorzutäuschen. Man kann zusätzlich kleine Steine in die Modelliermasse drücken – das macht die Wunde noch plastischer.

Veränderungen durch dreidimensionales maskenbildnerisches Arbeiten

Narben

Mit Tubplast (rechts)
Eine äußerst einfache Methode der Narbenherstellung ist die Verwendung von Tubplast, einer geleeartigen spezialplastischen Masse.

> **Tipp**
> Für einen mehrmaligen Gebrauch wird die Narbe auf einer Glasplatte vormodelliert und dann an der entsprechenden Hautstelle mit Mastix aufgeklebt.

Mit Plastikband (unten)
Mit selbstklebendem, durchsichtigem Plastikband lassen sich schnell und einfach flache Narben anlegen. Dieses Plastikband hat eine mattierte Oberfläche, die das Überschminken ermöglicht.

So wird's gemacht

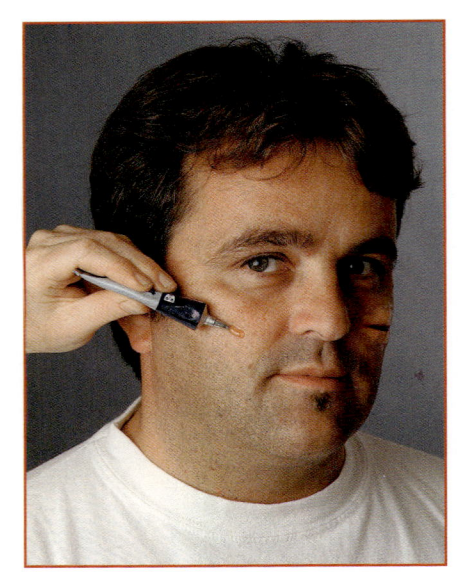

Tubplast direkt aus der Tube auf die Haut aufbringen. Die Masse trocknet von der Oberfläche nach unten durch. Soll eine Narbennaht dargestellt werden, so reißt man etwa nach der Hälfte der Trocknungszeit die aufgebrachte Masse mit einer Nadel ein. Für besonders wulstige Narben trägt man mehrere Schichten auf.

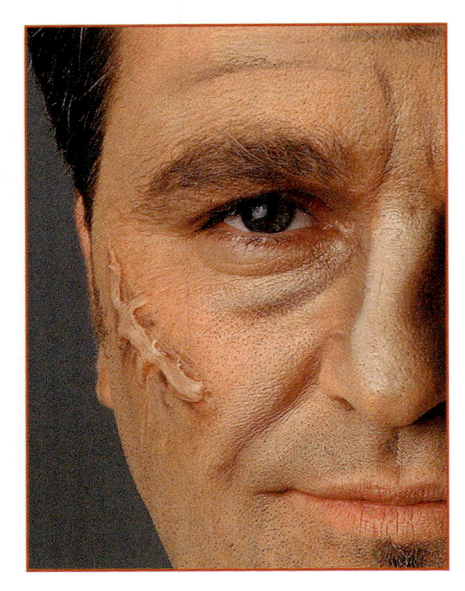

Anschließend kann die Narbe durch Abschattieren noch stärker hervorgehoben werden.

So wird's gemacht

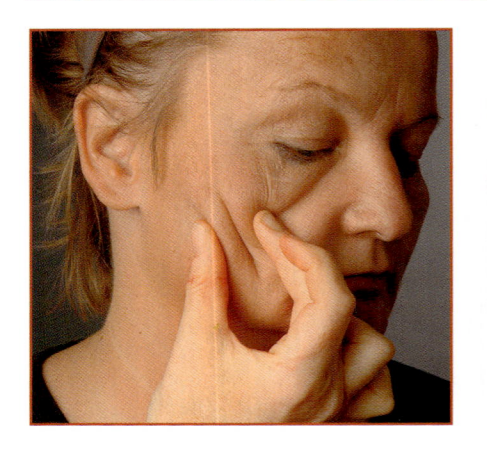

Die Haut wird an der dafür vorgesehenen Stelle so zusammengedrückt, dass eine tiefe Falte entsteht.

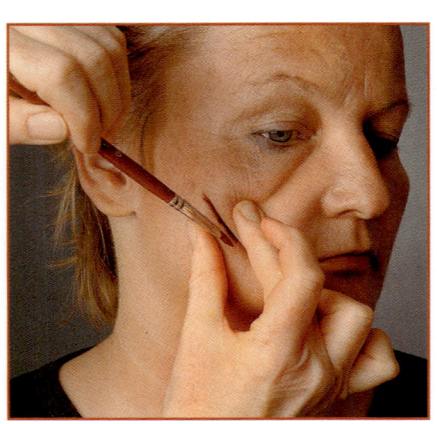

In diese Falte wird etwas dunkelbraune Schminke gelegt.

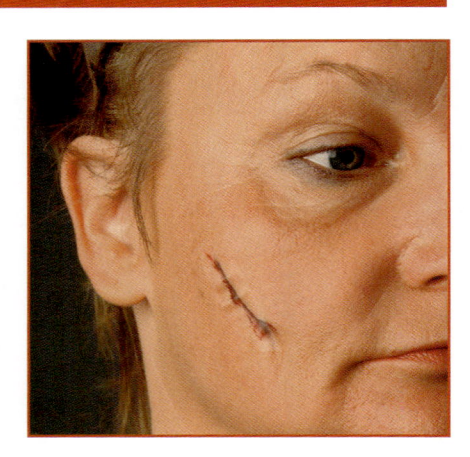

Abschließend wird ein Streifen des Plastikbandes über die Falte geklebt und mit Grundierung an die umgebende Haut angepasst.

Maskenbildnerisches Arbeiten

Verbrennungen

Zur realistischen Gestaltung großer Verletzungen oder verbrannter Haut gibt es als Spezialpräparat Gelafix-Haut, das es in verschiedenen Farbtönen gibt. Es ist auf der Basis von Gelatine hergestellt.

So wird's gemacht

Erwärmen Sie die Masse im Wasserbad oder in der Mikrowelle.

Nach dem Abkühlen auf Hautverträglichkeit wird die Masse mit einem Spachtel direkt auf die Haut aufgetragen und kann – so lange sie noch warm ist – anmodelliert werden.

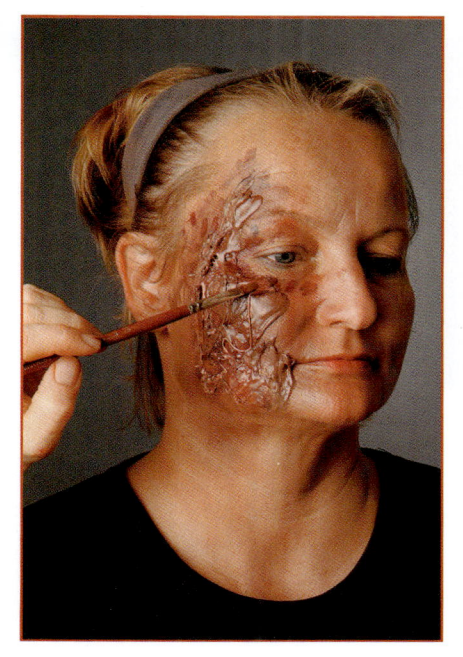

Dann mit Grundierung die erhöhten Stellen etwas überschminken und die angrenzenden Hautpartien farblich anpassen.

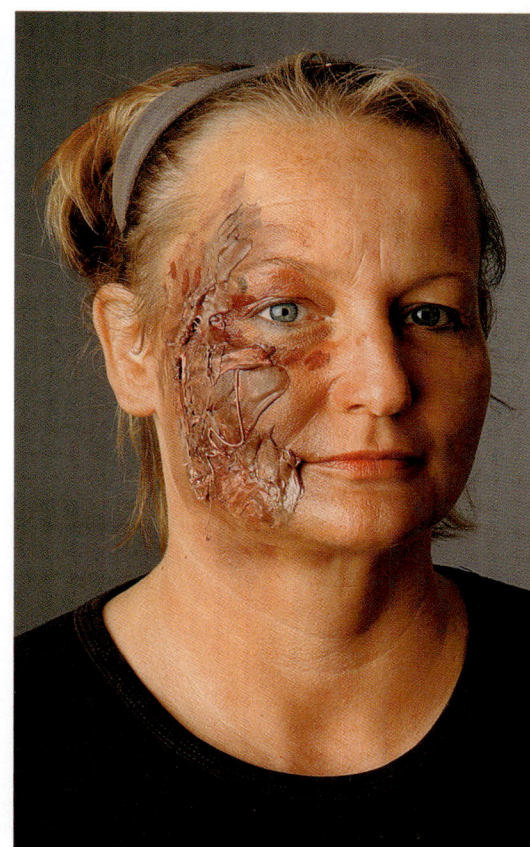

Abschließend gut abpudern.

Veränderungen durch dreidimensionales maskenbildnerisches Arbeiten

Maskenbildnerische Veränderungen beim Altern

Altern von Gesicht und Hals

Mit fortschreitendem Alter graben sich zum Kummer vieler Menschen Falten ins Gesicht. Das Gesicht wird dabei aber immer ausdrucksstärker. Falten sind auf die Erschlaffung der Muskulatur, den Abbau des Fettgewebes und den Verlust der Elastizität der Haut zurückzuführen. Natürlich ist dies ein langsamer Prozess, den man auch beim Schminken beachten sollte.

> Grundsätzlich gilt, je älter, desto kontrastreicher müssen die Schatten für die Falten geschminkt werden, umso tiefer wirken sie.
>
> Benutzen Sie zur Grundierung immer eine hellere Schminke, denn eine ältere Haut ist schlechter durchblutet und wirkt somit fahler.

Wie schnell und an welchen Gesichtspartien das Alter sich stärker zeigt, ist von Mensch zu Mensch verschieden. An den folgenden Beispielen kann man jedoch die dem Alter entsprechende Zunahme der Tiefe der Falten beobachten.

Faltenverläufe in der oberen Gesichtshälfte

So wird's gemacht

Stirn
– Die Falten waagrecht schminken. Je älter desto zahlreicher.

Nasenwurzel
– Zwei senkrecht-parallel verlaufende Falten. Je älter, desto tiefer.

Augen
– Schattieren der inneren Augenwinkel zur Nasenwurzel, je dunkler desto größer ist die Wirkung.

– Eine dünne Schattenlinie in die Lidfalte legen, die bis zum äußeren Augenwinkel hinunterläuft.

– Sog. Krähenfüße am äußeren Augenwinkel einzeichnen, die mit fortschreitendem Alter zunehmen.

Tränensäcke
– Halbbogenförmig unterhalb des Auges einzeichnen. Je älter, desto tiefer.

Nase
– Sie springt im Alter meist stärker hervor. Daher den Nasenrücken heller schminken und die Falten um die Nasenlöcher vertiefen.

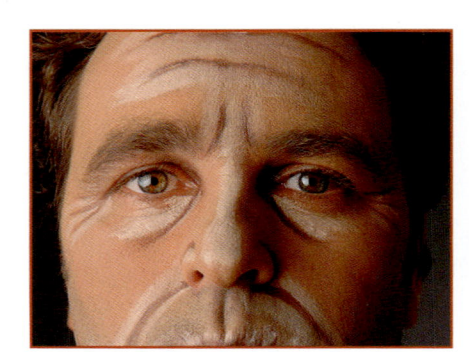

Die Faltenverläufe im oberen Gesichtsbereich bei einem alten Mann.

Faltenverläufe in der unteren Gesichtshälfte

So wird's gemacht

Nasolabialfalte
– Die Falte zwischen Nase und äußeren Mundwinkeln vertieft sich. Diese kann bei fortschreitendem Alter auch über die Mundwinkel hinaus bis ins Kinn fortgeführt werden.

Wangen
– Sie verlieren im Laufe des Lebens ihre Elastizität. Durch bogenförmige Fortsetzung der Nasolabialfalte kann eine Hängewange vorgetäuscht werden.

Kinn
– Am Kinn können sich unterschiedliche Falten zeigen. Bei Männern bildet sich häufig unterhalb der Unterlippe eine stärkere waagerechte Falte.

– Dickere Menschen neigen im Alter dazu, ein rundes Kinnpolster mit Grübchen auszubilden. Dieses verstärkt man durch ein zusätzliches Doppelkinn.

– Manchmal bilden sich am Kinn senkrechte Falten, die mit der Nasolabialfalte verschmelzen.

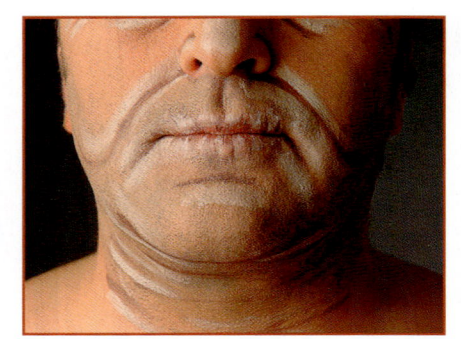

Die Faltenverläufe im unteren Gesichtsbereich bei einem alten Mann.

Faltenverläufe am Mund einer Frau

Die einfachste Methode einen Mund älter wirken zu lassen, ist, ihn mit der Grundierung abzudecken und ihn so eingefallen wirken zu lassen. Diesen Eindruck kann man verstärken, wenn man innerhalb der natürlichen Konturen des Mundes die Lippen nur dünn mit hellen Farben (Rosétöne) ausmalt.

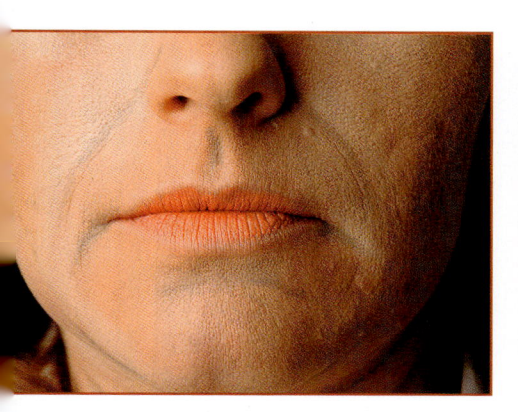

Dünn gemalte Konturen bei den Lippen einer älteren Frau.

Faltenverläufe am Mund eines Mannes

So wird's gemacht

Gespitzter Mund
– Mit fortschreitendem Alter erschlaffen die Muskeln und es bilden sich kleine Knitterfältchen rund um den Mund. Dieses kann man nachahmen, indem man sorgfältig senkrecht verlaufende Lippenfältchen aufschminkt. Spitzen Sie die Lippen und legen Sie in die entstandenen Falten dunkle Schminke.

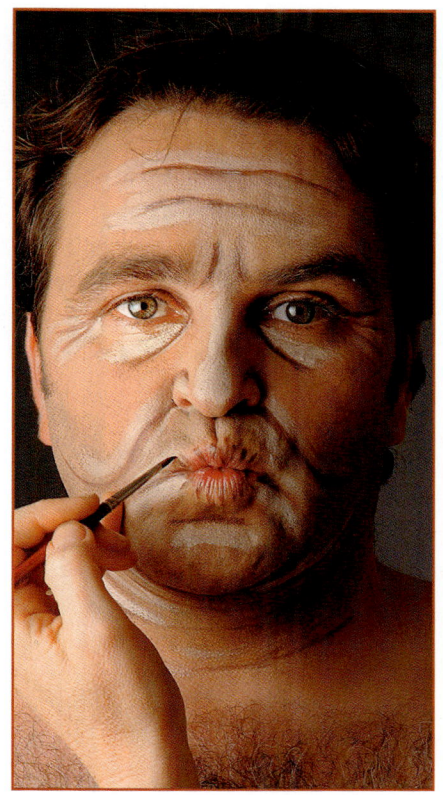

Beim Einzeichnen der Knitterfältchen wird der Mund gespitzt.

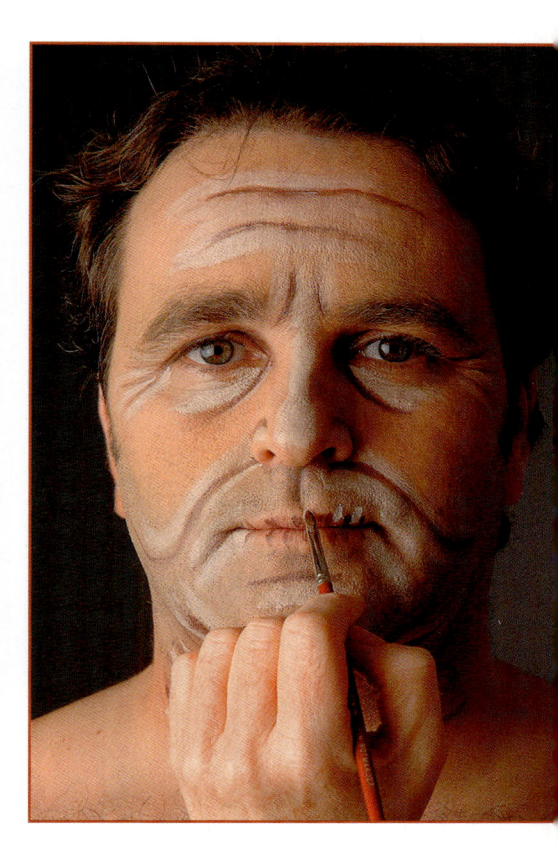

Entspannter Mund
– Anschließend den Mund wieder locker lassen und nun die dazwischen liegenden Partien mit entsprechender Schminke aufhellen. Die Muskeln erschlaffen an den äußeren Mundwinkeln und es entstehen tief senkrecht verlaufende Falten.

Bei einem entspannten Mund werden die Partien zwischen den eingemalten Faltentälern aufgehellt.

Faltenverläufe am Hals

Die Kiefer- und Halspartie wirkt älter, wenn dieser Bereich erschlafft geschminkt wird. Dafür drückt man das Kinn auf die Brust und betont die entstehenden Wülste und Falten durch Lichter und Schatten.

Besonders alte Haut schminken

Eine besonders alte Haut lässt sich manchmal – vor allem bei jungen Schauspielern – nur schwer mit Licht und Schatten überzeugend darstellen. Jedoch kann man mit speziellen Gummimilchpräparaten eine alte, welke Haut relativ einfach vortäuschen.

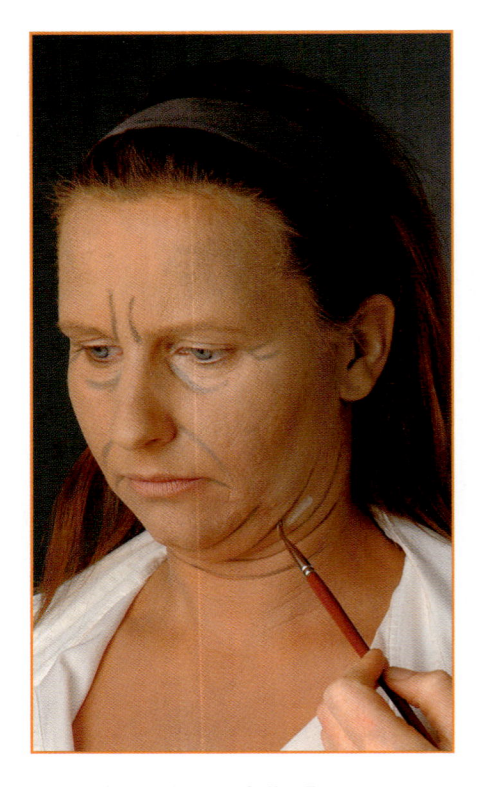

So wird's gemacht

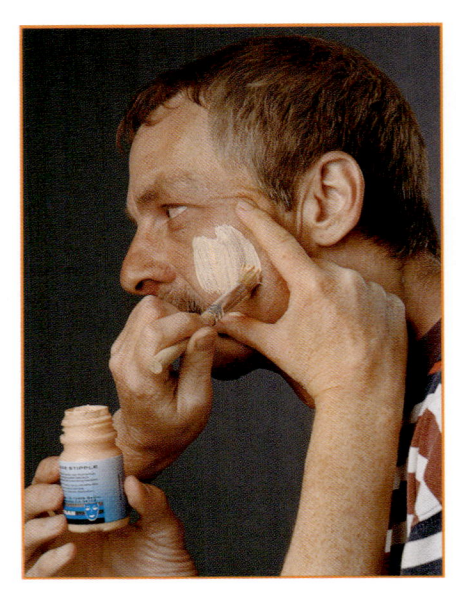

Die Haut wird zwischen Daumen und Zeigefinger gespannt und die Gummimilch aufgestrichen.

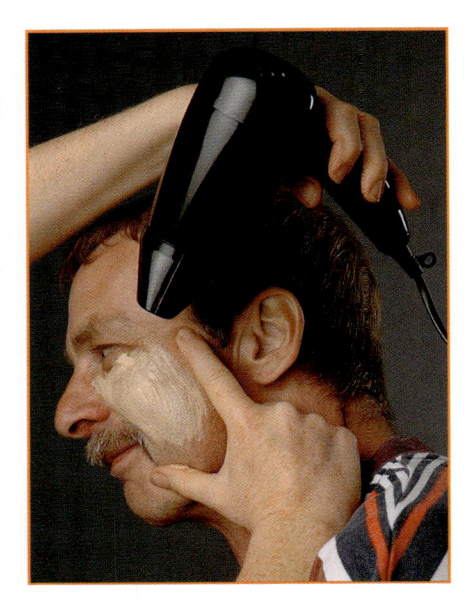

Zur Beschleunigung des Trockenprozesses wird die Haut mit einem Föhn getrocknet.

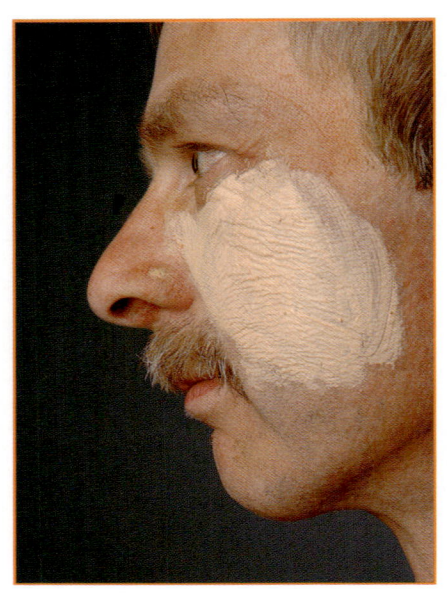

Das Kinn wird auf die Brust gedrückt, wenn Falten am Hals geschminkt werden.

Nach dem Trocknen ist die Haut faltig.

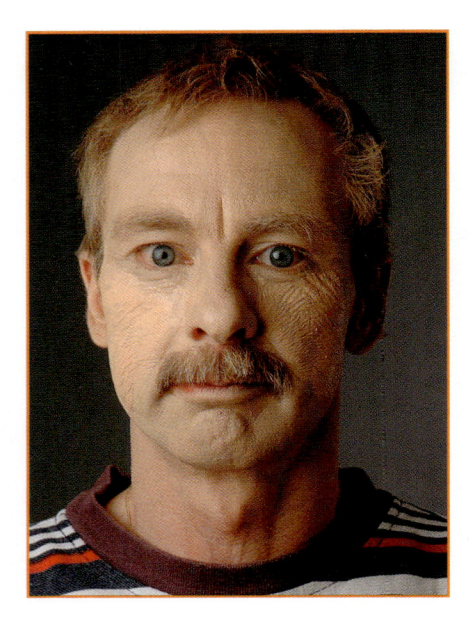

Anschließend die Gummihaut mit Siegeler überziehen, trocknen lassen und mit Grundierung überschminken. Man kann auch auf den Siegeler verzichten und mit Spezialteint grundieren.

46 Maskenbildnerisches Arbeiten

Älter schminken der Hände

Beim Schminken werden die Hände häufig vergessen. Sie gehören jedoch zu einer vollständigen Maske dazu und sollten stets im gleichen Ton wie das Gesicht geschminkt sein. Wie stark die Hände mit Lichtern und Schatten ausmodelliert sein müssen, hängt von dem darzustellenden Alter und der Lebensweise in der Rolle ab.

So wird's gemacht

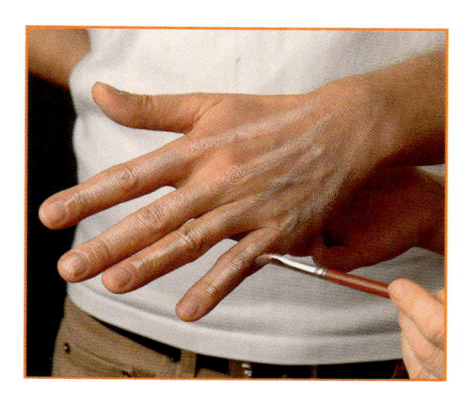

Beim Schminken werden vor allem die knochigen und damit hervortretenden Handpartien heller geschminkt, während die sich dazwischen bildenden Täler abschattiert werden.

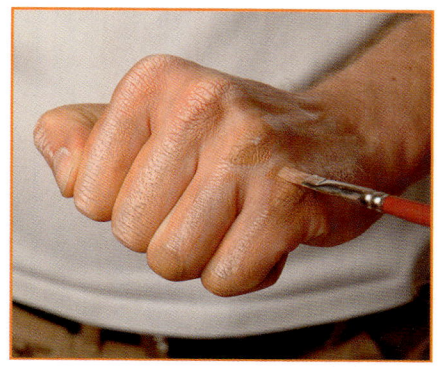

Wird die Faust geballt, lassen sich runde Schatten auf die hervortretenden Knöchel auftragen.

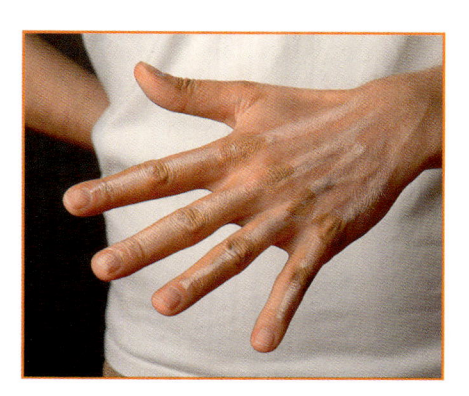

Hände wieder strecken und die hervortretenden Fältchen an den Knöcheln mit etwas heller Schminke betonen.

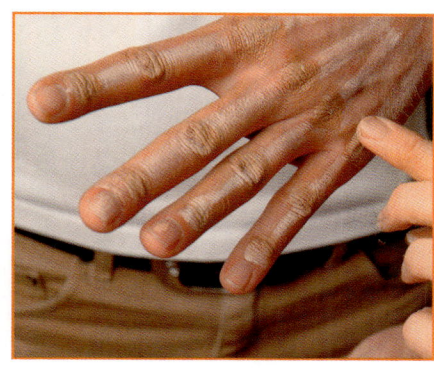

Zum Schluss alle Ränder noch verwischen und abpudern.

Tipp zu Seite 46:
Lassen Sie zum Entfernen der Gummihaut 2 bis 3 Minuten lang Abschminköl oder andere Abschminkprodukte auf die künstliche Haut einwirken.

Maskenbildnerische Veränderungen beim Altern

E | X | K | U | R | S

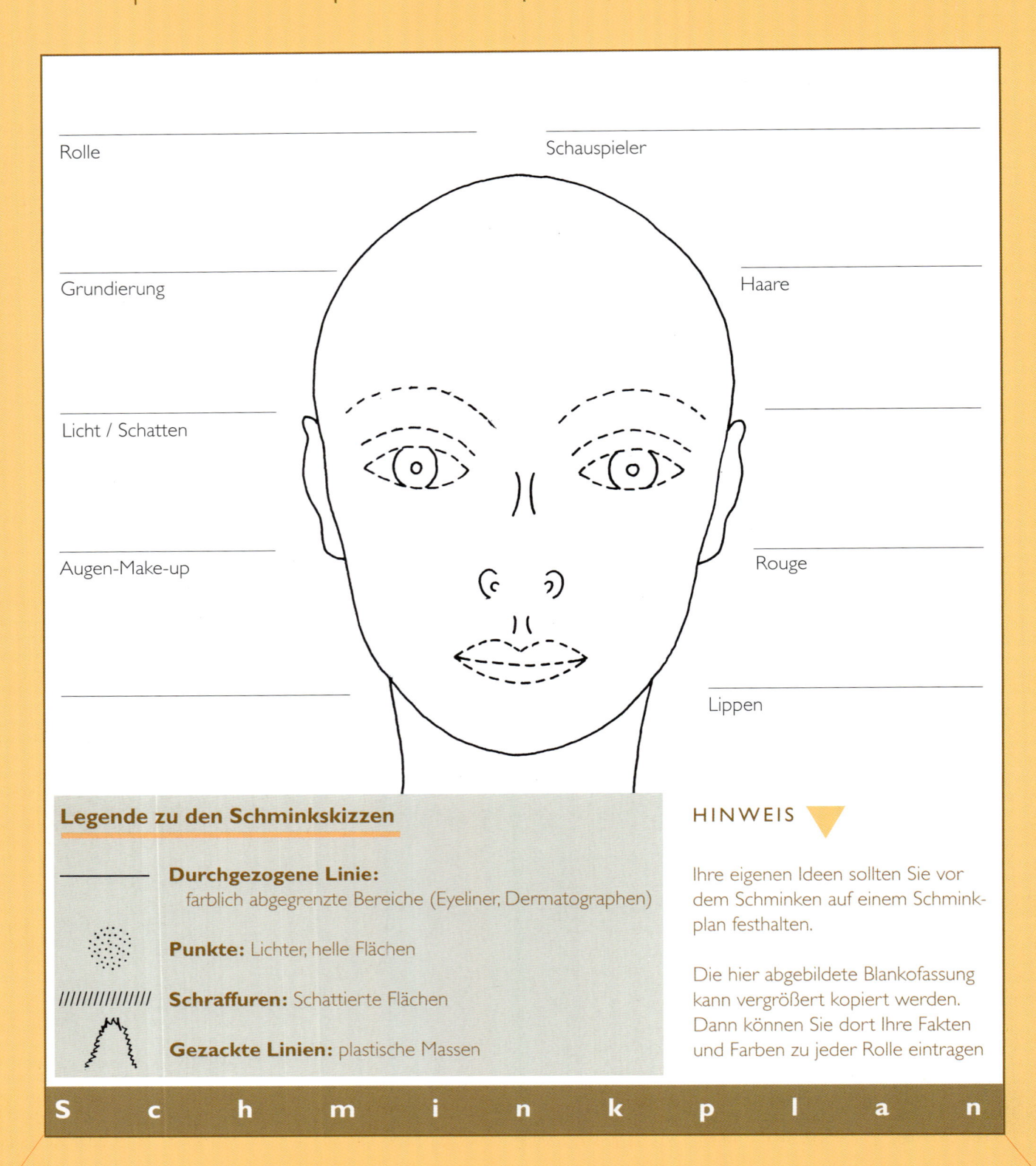

Rolle

Schauspieler

Grundierung

Haare

Licht / Schatten

Augen-Make-up

Rouge

Lippen

Legende zu den Schminkskizzen

— **Durchgezogene Linie:** farblich abgegrenzte Bereiche (Eyeliner, Dermatographen)

Punkte: Lichter, helle Flächen

Schraffuren: Schattierte Flächen

Gezackte Linien: plastische Massen

HINWEIS ▼

Ihre eigenen Ideen sollten Sie vor dem Schminken auf einem Schminkplan festhalten.

Die hier abgebildete Blankofassung kann vergrößert kopiert werden. Dann können Sie dort Ihre Fakten und Farben zu jeder Rolle eintragen

Schminkplan

Exkurs

GALERIE

CHARAKTERISTISCHER MASKEN

Vorbemerkung

Nachdem die wichtigsten Schmink- und maskenbildenden Techniken bekannt sind, werden beliebte und häufig vorkommende Masken in ihrem Entstehen Schritt für Schritt erklärt.

Betrachten Sie sämtliche Schminkvorschläge nur als Grundlage Ihrer Arbeit. Experimentieren Sie, lassen Sie Ihrer Fantasie bei der Gestaltung freien Lauf. Mit Hilfe der Schminkskizzen werden die erforderlichen Betonungen der Gesichtspartien deutlich gemacht, vor allem die Position der Schatten und Lichter.

Links außen:
Nicki, ungeschminkt.

Links: Zuerst die Grundierung mit Fettschminke auf Gesicht, Hals und Dekolleté auflegen und gut abpudern.

Eine 50-jährige Frau

Natürlich gibt es in jedem Alter verschiedene Typen von Menschen: sportliche, flippige oder biedere. Hier wird der etwas strengere, aber sportliche Typ mit Brille und halblangen Haaren dargestellt. Bestandteil der Maske der etwa 50-jährigen Frau ist das bereits faltigere Gesicht und das ergraute Haar.

Das wird gebraucht

- Fettschminke NB 2/Alabaster
- Dermatograph grau
- Wangenrouge 081
- Lippenrouge LC002

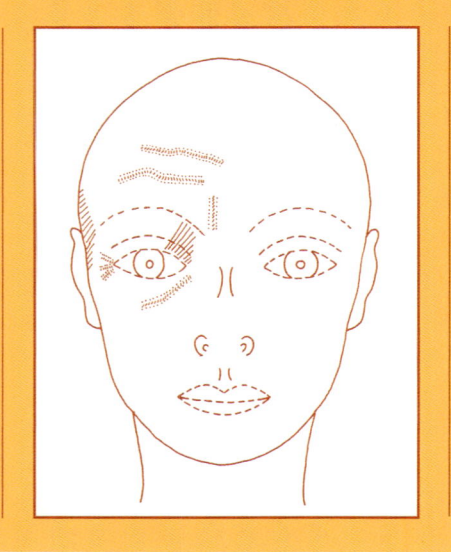

Weitere Gestaltungselemente

Die Dame trägt eine weiße Bluse, Tweedkostüm, Perlenschmuck und eine Brille.

Altersmasken

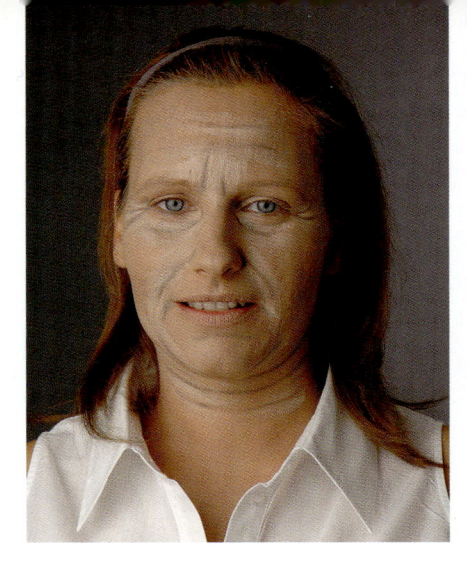

Mit einem Dermatographen Falten im Bereich von Schläfen, Stirn, Nasenwurzel und Augen (Tränensäcke, Krähenfüße) sowie Wangen, Kinn- und Halspartie anlegen. Neben jede Schattenlinie mit einem Pinsel helle Lichter setzen.

Die aufgesetzten Lichter mit der Grundierung und den Schattenlinien vorsichtig verwischen. Anschließend abpudern. Oberlider bis zum inneren Augenwinkel etwas abdunkeln. Abpudern.

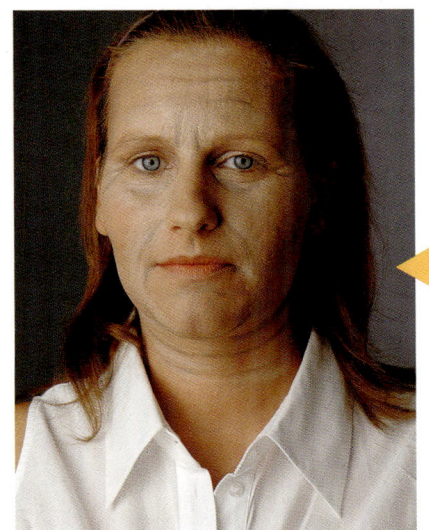

Die Lippen in einem hellen Rosé schminken.

Eine 50-jährige Frau

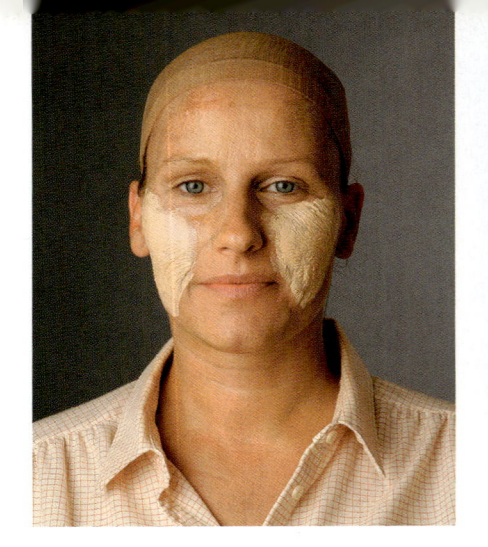

Mit Spezial-Gummimilch die faltige Haut im Wangenbereich anlegen (siehe Seite 46).

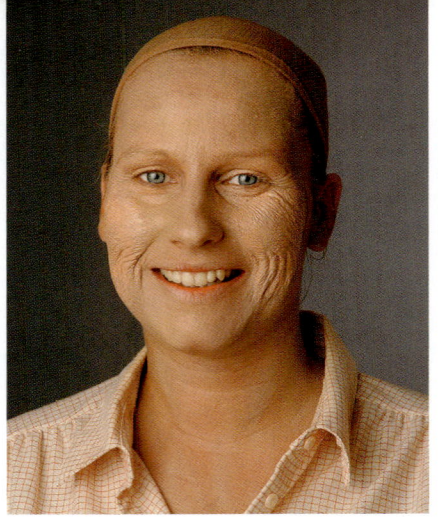

Die faltig angelegte Haut wird mit Spezialteint grundiert, das restliche Gesicht und der Hals mit normaler Fettschminke. Alles gut abpudern.

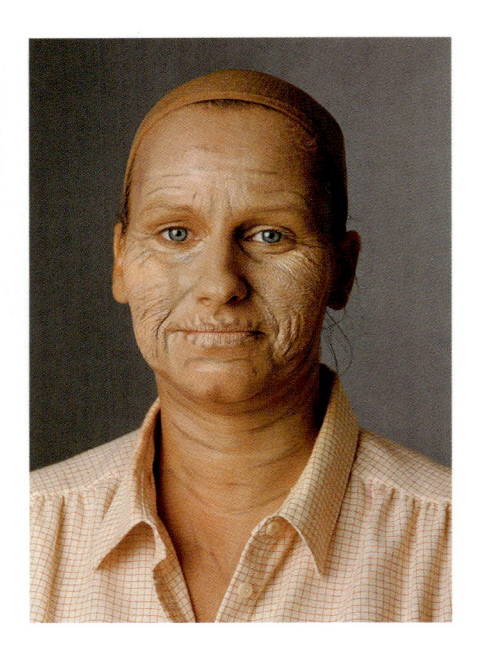

Eine 75-jährige Frau

Die Rolle der liebenswerten Großmutter taucht in vielen volkstümlichen Theaterstücken auf. Das Gesicht sieht aus, wie von vielen kleinen Knitterfältchen durchzogen. Dieser Eindruck wurde durch den Einsatz einer Spezialgummimilch erzeugt. Die langhaarige graue Perücke wurde am Hinterkopf zu einem Dutt gesteckt. Diese Maske ist mit dem gleichen Modell wie die der Frau von etwa 50 Jahren entstanden.

Das wird gebraucht

- Spezial-Gummimilch
- Spezialteint 072
- Fettschminke 072, G 176 A
- Dermatograph grau
- Lippenrouge LC002

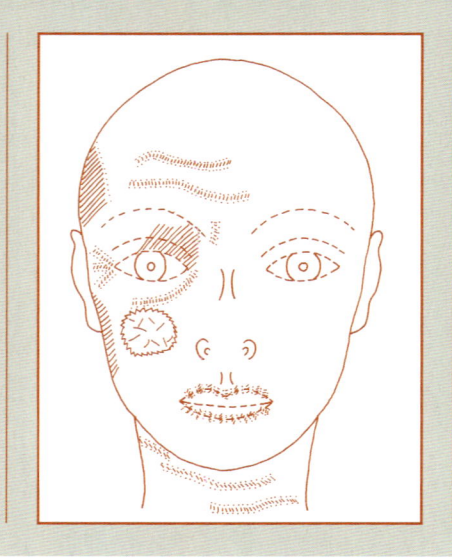

Weitere Gestaltungselemente

Die alte Dame trägt eine Bluse, Faltenrock und eine Brosche. Die grauweißen Haare der Perücke sind hochgesteckt.

Altersmasken

◀ Mit dunklerer Fettschminke die Falten im Bereich von Schläfen, Stirn, Nasenwurzel und Augen sowie Wangen, Kinn- und Halspartie anlegen. Der hintere Teil der Wangen und die Schläfen großzügig mit der gleichen Fettschminke abdunkeln. Die dünnen kleinen Fältchen rund um den Mund zeichnen Sie mit einem grauen Dermatographen ein. Neben jede Schattenlinie mit einem Pinsel werden helle Lichter gesetzt. Diese Lichter dann mit der Grundierung und den Schattenlinien vorsichtig verwischen. Anschließend wieder gut abpudern.

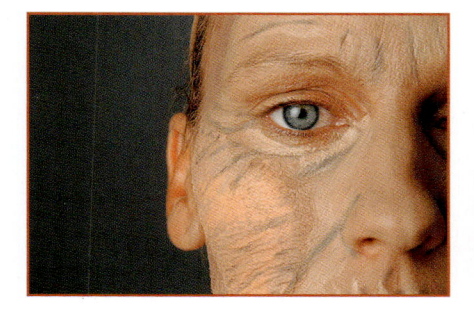

Oberlider bis zum inneren Augenwinkel etwas abdunkeln. Abpudern.

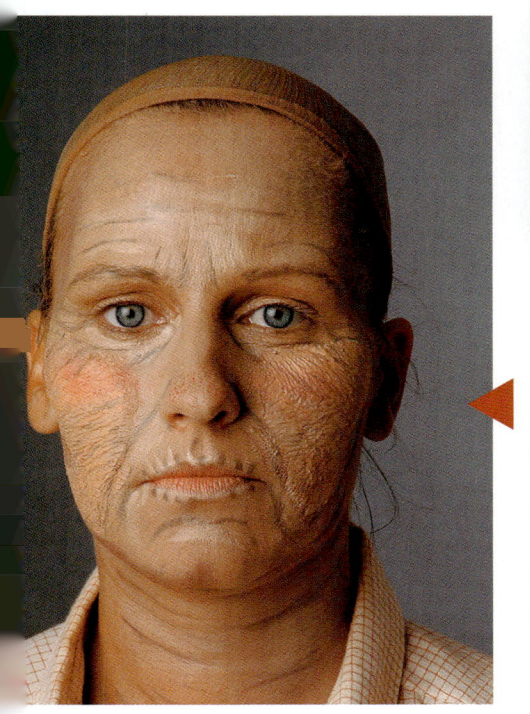

Die Lippen werden dünn, innerhalb der natürlichen Kontur in einem hellen Rosé geschminkt. Mit einem Stoppelschwamm etwas rote Fettschminke aufnehmen und vorsichtig im Wangenbereich und auf der Nasenspitze auftupfen.

Eine 75-jährige Frau

53

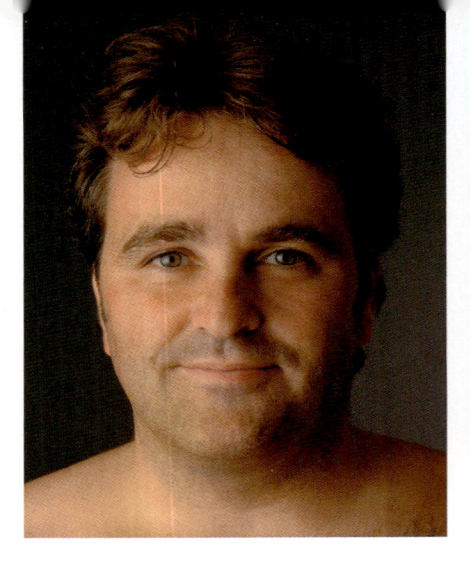

Patrick, ungeschminkt.

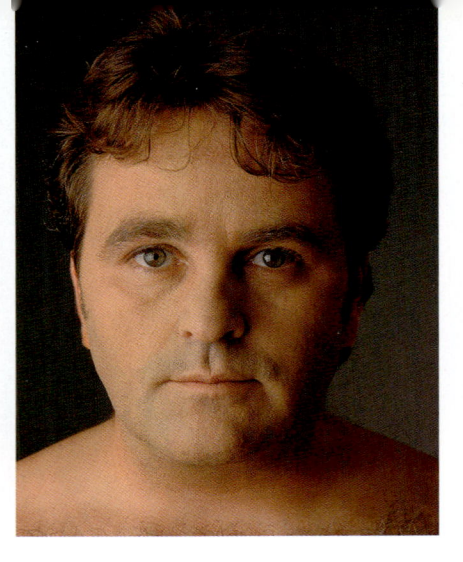

Die Grundierung mit Fettschminke auf Gesicht und Hals auflegen und gut abpudern.

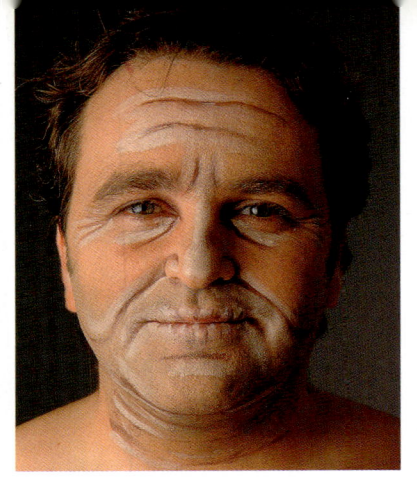

Mit einem Dermatographen Falten im Bereich von Schläfen, Stirn, Nasenwurzel und Augen (Tränensäcke, Krähenfüße) anlegen. Neben jede Schattenlinie mit einem Pinsel helle Lichter (Alabaster) setzen und die Oberlider bis zum inneren Augenwinkel etwas abdunkeln.

Ein 50-jähriger Mann

Der ältere Herr vermittelt in dieser Maske einen etwas süddeutschen Eindruck. Neben den üblichen Falten wurden vor allem die Wangen runder heraus gearbeitet und stärker betont. Der breite Schnauzbart unterstützt den Gesamteindruck.

Das wird gebraucht

- Fettschminke NB 2, 072, G176 A
- Aquaschminke
- Dermatograph grau
- Fertiger Schnauzbart

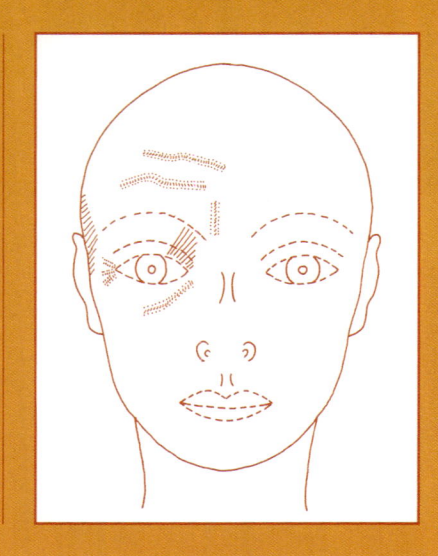

Weitere Gestaltungselemente

Der Herr mit dem süddeutschen Einschlag trägt ein weißes Hemd, dazu eine Krawatte im »Landhausstil« in kräftiger Farbe, eine Trachtenjacke und eine dunkle Hose.

Altersmasken

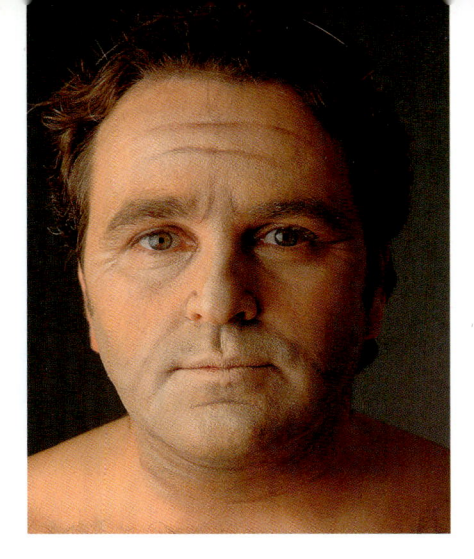

Die aufgesetzten Lichter mit der Grundierung und den Schattenlinien vorsichtig verwischen. Anschließend abpudern.

Schnauzbart ankleben. Mit weißer und grauer Aquaschminke Bart und Augenbrauen einfärben. Haare scheiteln und mit Gel fixieren.

Ein 50-jähriger Mann

Katharina, ungeschminkt.

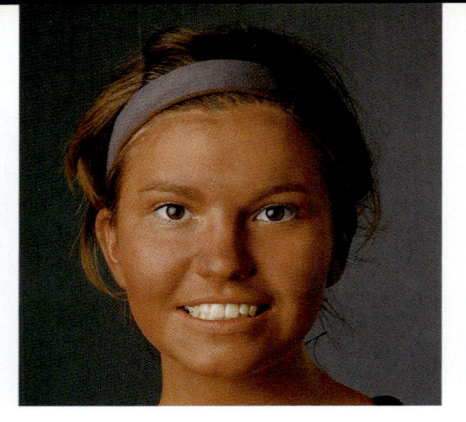

Das Bräunungsmittel Sunglaze mit einem feuchten Schwamm auf alle sichtbaren Partien, also auch auf Hals und Dekolleté auftragen und gut abtrocknen lassen. Anschließend Fettschminke als Grundierung auftragen und abpudern.

Durch Abwischen Lichter auf der Stirn, Nasenrücken und Schläfen erzielen. Neben die Lichter mit Fettschminke Schatten legen. Die Nasolabialfalte zusätzlich abschattieren. Goldpaste auf die Lichter legen.

Eine Schwarzafrikanerin

Viele afrikanische Menschen haben nicht nur eine andere, meistens sehr viel dunklere Hautfarbe als Europäer, sondern auch einen anderen Körperaufbau und eine andere Haar- und Hautstruktur.
Bei vielen Stämmen sind die Lippen oft wulstiger, die Nase meistens breiter und flacher, das Haar kraus. Natürlich lassen sich all diese Merkmale nicht ohne weiteres auf einen weißhäutigen Schauspieler übertragen. Man kann jedoch mit Hilfe von Farbe und dem gezielten Setzen von Lichtern das Gesicht optisch verändern. Die Grundierung wird dafür mit Sunglaze oder Exotenteint, das sind Spezialschminken, unterlegt, die die Haut gleichmäßig bräunen.

Das wird gebraucht

- Sunglaze oder Exotenteint
- Fettschminke OD/S3, 071
- Goldpaste
- Dermatograph schwarz
- Mascara schwarz
- Kajal weiß
- Eyeliner schwarz
- Lippenrouge LC 006/007
- Nasenstöpsel

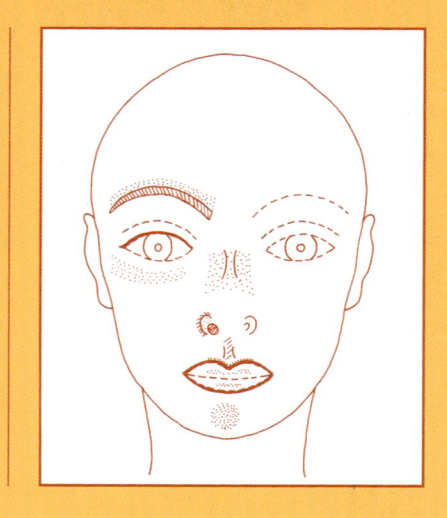

Weitere Gestaltungselemente

Die schwarze Lady trägt ein blaues afrikanisches Gewand; dazu eine türkisfarbene Steinperlenkette und goldene Kreolen-Ohrringe.

Die Haare sind lang geflochten, gedreht, zum Teil mit Draht in der Form stabilisiert und mit Wollkrepp umwickelt, der zum Schluss schwarz angesprüht wird.

Gesichter fremder Völker

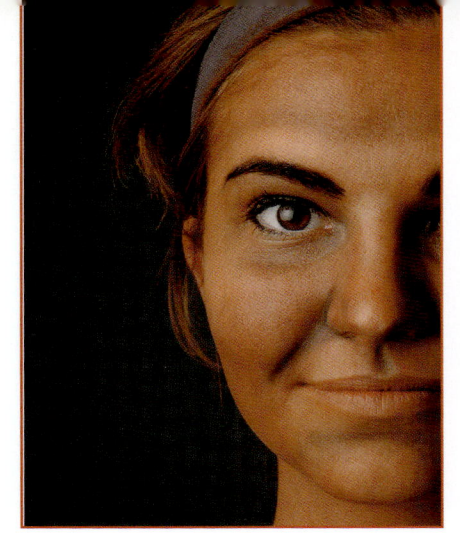

Die Augenbrauen mit dem schwarzen Dermatographen kräftig nachmalen. Einen Lidstrich auf den Rand des Oberlides zeichnen und das Unterlid mit Kajal nachziehen. Legen Sie auf das untere innere Augenlid weißen Kajal.

Die Lippen mit dem schwarzen Dermatographen über die natürliche Lippenlinie hinaus umranden. Anschließend färben Sie die Lippen schwarz ein. Darüber dunkelrotes Lippenrouge legen und in einem helleren Rot Licht auf die Lippenmitte, jeweils oben und unten, setzen. Außerhalb der Lippenkontur in der Mitte einen kleinen weißen Strich ziehen.

Zur Verbreiterung der Nase die Nasenstöpsel einsetzen und mit schwarzer Fettschminke einfärben (siehe Seite 28).

Eine Schwarzafrikanerin

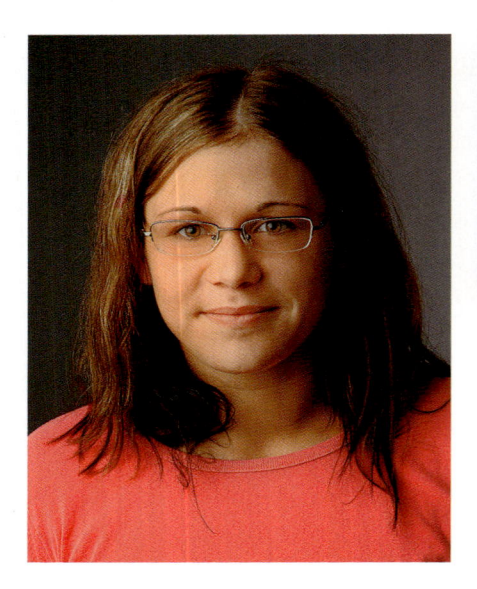

Daniela, ungeschminkt.

Tragen Sie die Grundierung in zwei Schritten und mit zwei Tönen auf. Die dunklere olivbraune Grundierung über Gesicht und Hals verteilen, anschließend gut abpudern und dann die hellere, goldbraune Grundierung darüber geben und ebenfalls gründlich abpudern.

Mit einem Pinsel Lichter auf Nase, Kinn und Wangenknochen und das obere Augenlid aufbringen. Danach legen Sie Schatten unterhalb der Wangenknochen und entlang der Nasenseiten und Nasenflügel. Abpudern.

Eine Inderin

Die Gesichter indischer Frauen sind meist schmal. Sowohl die Augen als auch die Augenbrauen verlaufen fast horizontal. Die olivfarbene Haut lässt sich mit der üblichen Grundierung nicht erzielen, ohne dass die Haut schmutzig wirkt. Sie wird daher in zwei Phasen mit zwei verschiedenen Tönen aufgetragen. Vollständig wird die Maske erst mit dem Zeichen der Kastenzugehörigkeit auf der Stirn.

Das wird gebraucht

- Fettschminke 014/FS 24/G 165
- Kajal weiß
- Dermatograph braun und schwarz
- Lidschatten granitfarben
- Eyeliner schwarz
- Lippenrouge LC 008
- Wangenrouge SM
- Goldpaste

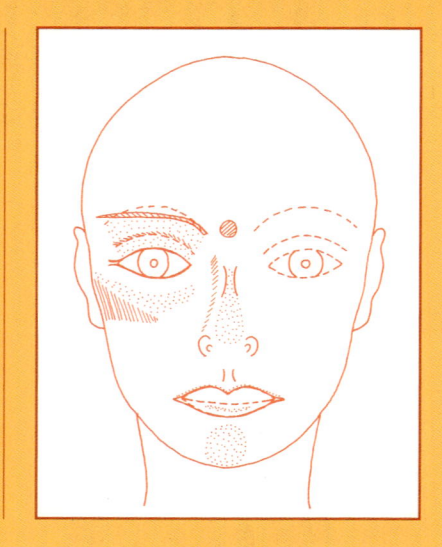

Weitere Gestaltungselemente

Das Kostüm besteht aus einem pinkfarbenen T-Shirt, einem langen Wickelrock sowie einem orangefarbenen Tuch, das als Sari gewickelt und festgesteckt wurde. Als Schmuck werden hier goldene Blattohrringe getragen.

Die Haare sind am Hinterkopf zusammengefasst und zum Knoten gesteckt. Sie werden ggf. schwarz gefärbt.

Gesichter fremder Völker

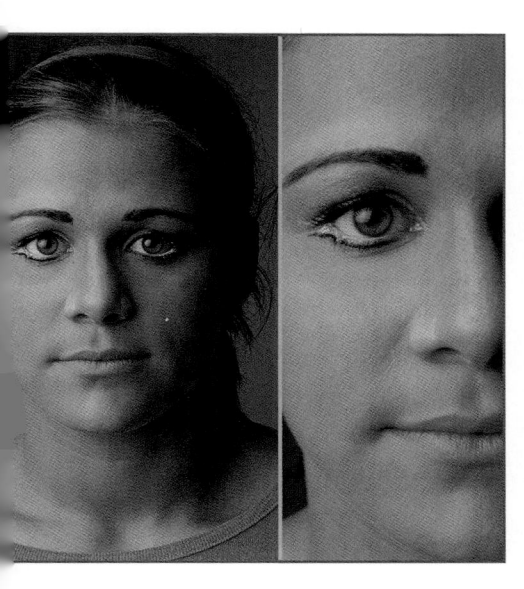

Oben links und rechts: Die Augenbrauen fast horizontal mit dem schwarzen Dermatographen nachziehen. Die Augen mit schwarzem Eyeliner umranden und am äußeren Augenwinkel horizontal auslaufen lassen.
Legen Sie in die Lidfalte dunklen Lidschatten und setzen Sie Licht unterhalb der Augenbraue und auf das Augenlid. Die Wimpern mehrmals kräftig tuschen.

Die Lippenkonturen ziehen Sie mit dem braunen Dermatographen nach. Dabei die Oberlippe lang und schmal werden lassen. Anschließend die Lippen ausmalen. Direkt über der Oberlippe ziehen Sie dann mit dem weißen Kajal einen feinen Strich und geben etwas weiße Schminke auf die Unterlippe.

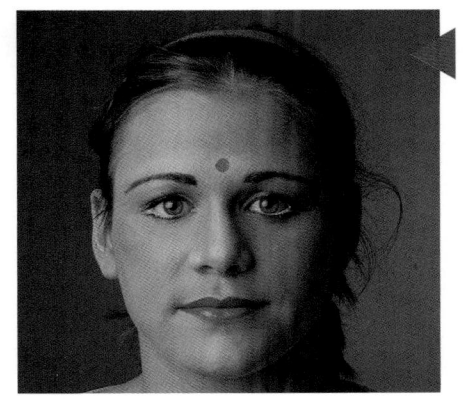

Dezent etwas Wangenrouge auflegen und etwas Goldpaste auf die hellen Stellen reiben. Den Abschluss der Gesichtsmaske bildet das Kastenzeichen auf der Stirnmitte. Es ist hier aus Lippenrouge und mit dem stumpfen Ende eines Bleistiftes aufgesetzt worden. Alle sonst sichtbaren Teile der Haut wie Hände und Arme werden in der Grundfarbe des Gesichts geschminkt.

Eine Inderin

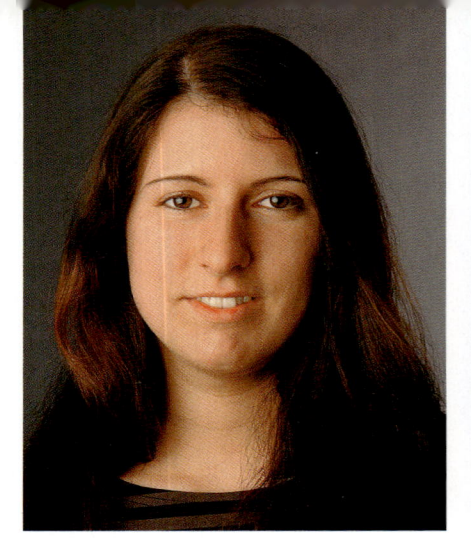

Juliane, ungeschminkt.

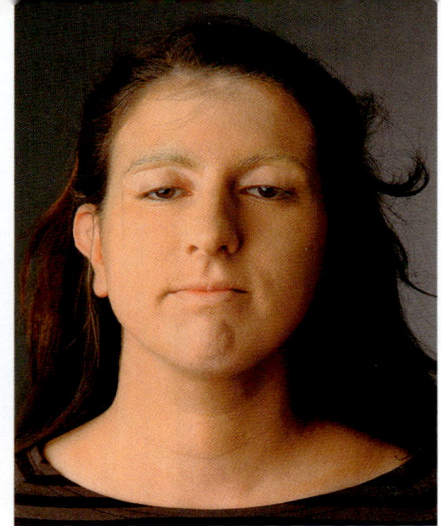

Zuerst das äußere Ende der Augenbrauen wegseifen (siehe Seite 27) und künstliche Augenlider mit Leukoplast anbringen.

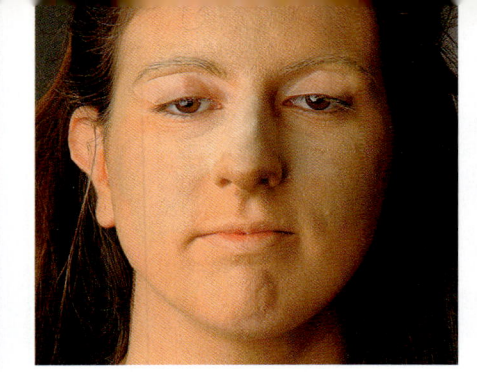

(siehe Seite 27, Asiatenlider), Gesicht, Hals und Dekolleté grundieren und abpudern.

Oben: Den Nasenrücken und die Nasenseiten heller schminken sowie unter die Nase einen Schatten legen. Dadurch wirkt sie kürzer und breiter.

Eine Asiatin

Für Europäer ist es nicht ganz einfach, die feinen Unterschiede bei asiatischen Menschen genau zu definieren. Das gilt insbesondere für die Menschen aus Ländern wie China, Japan und anderer ost- und südostasiatischer Völker. Es ist übrigens nicht richtig, dass Asiaten eine gelbe Haut haben. Hier gibt es zahlreiche Unterschiede und tatsächlich reicht die Farbe der Haut von einem dunkleren Oliv bis hin zu einem hellen gelblich-braunen Ton.

Im Mittelpunkt bei der Gestaltung einer asiatischen Maske stehen die Augen. Diese sind aber nicht, wie oft fälschlich behauptet, schräg nach oben, sondern eher horizontal ausgerichtet. Sie sind häufig mandelförmig oder schmal geschnitten. Der Eindruck schräg stehender Augen entsteht vielmehr durch die Position der Augenbraue, die wie beim Europäer schräg nach oben läuft, aber am höchsten Punkt endet und nicht wieder abwärts schwingt.

Das wird gebraucht

- Seife
- Leukoplast matt
- Fettschminke LO/NB 2/ TV-white
- Lippenrouge LC 005
- Wangenrouge Youth red
- Dermatograph schwarz und braun
- Eyeliner schwarz
- Kajal schwarz

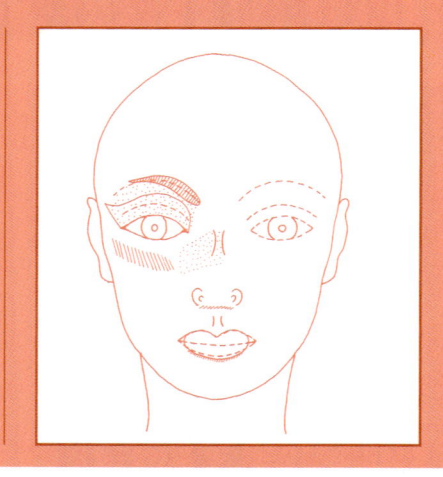

Weitere Gestaltungselemente

Die hier gezeigte Asiatin trägt als Japanerin ein modernes bodenlanges Kleid in Grün mit Blütenmotiven und Stehkragen und die Haare sind mit Essstäbchen hochgesteckt.

Gesichter fremder Völker

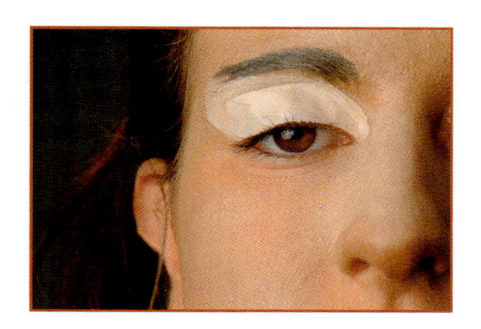

Ziehen Sie die Augenbrauen in einem horizontalen Verlauf nach. Die Augenlider werden bis zu den Augenbrauen stark aufgehellt.

Abschließend schräg über die Wangenknochen etwas Rouge verteilen, um das Gesicht breiter und flächiger erscheinen zu lassen.

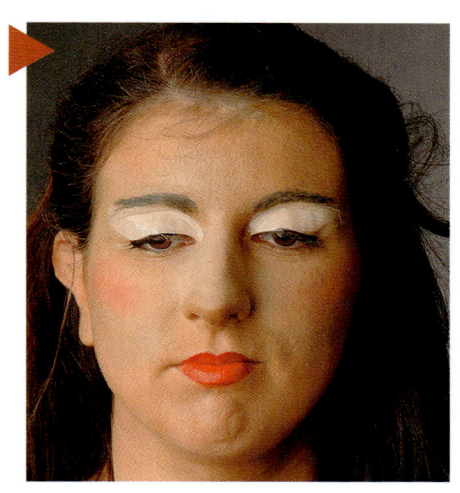

Dann den Lidstrich auf dem oberen Augenlid ziehen. Lassen Sie dabei den Strich am inneren Augenwinkel leicht nach unten zur Nase hin auslaufen. Den inneren Rand des unteren Augenlides mit schwarzem Kajal schwärzen. Ein kleines Dreieck am äußeren Augenwinkel lässt den oberen Lidstrich mit dem unteren verschmelzen. Die Wimpern mit Mascara schwarz tuschen.

Die Lippenkontur wird mit einem Dermatographen herzförmig umrandet und anschließend mit dem Pinsel ausgemalt. Um die Unterlippen voller wirken zu lassen, legen Sie einen leichten braunen Schatten darunter.

Eine Asiatin

Norbert, ungeschminkt.

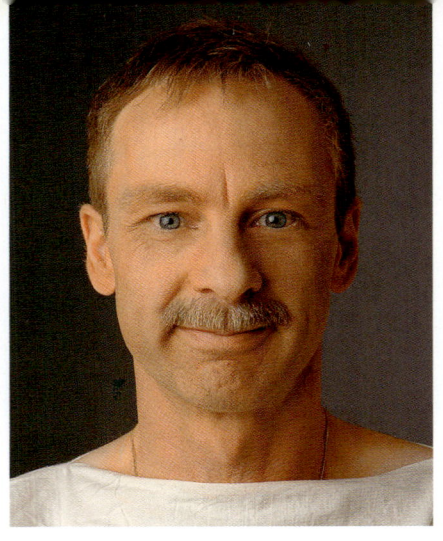

Es beginnt mit dem Auftragen der Grundierung, die gut abgepudert wird.

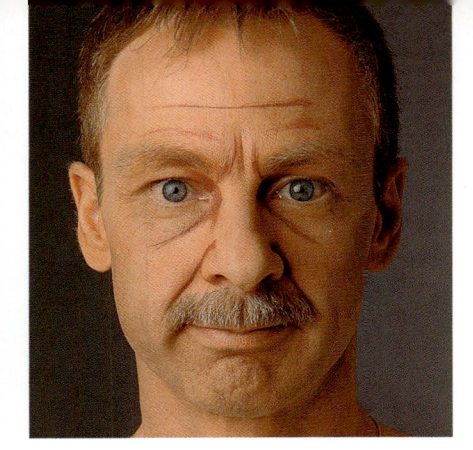

Mit einem Pinsel werden Falten im Bereich der Nasenwurzel und der Nasolabialfalten unterhalb der Augen verstärkt. Die inneren Augenwinkel werden schattiert. Sie laufen spitz und seitlich entlang der Nase aus.

Ein Araber

Für alle Geschichten aus 1001 Nacht werden derartige Masken immer benötigt. Der »Bühnenaraber« ist vor allem durch eine schmale, lange »Habichtnase«, scharf geschnittene Gesichtszüge und dunkle Haare gekennzeichnet. Die Nase kann durch stark geschminkte Hell-Dunkel-Kontraste optisch verlängert werden. Der habichtartige Gesichtsausdruck wird durch die dunkel umrandeten Augen verstärkt.

Das wird gebraucht

- Fettschminke ODS2, NB3
- Supracolor 046
- Dermatograph schwarz und dunkelrot
- Kajal schwarz und weiß
- Mascara schwarz
- Lippenrouge LC 152

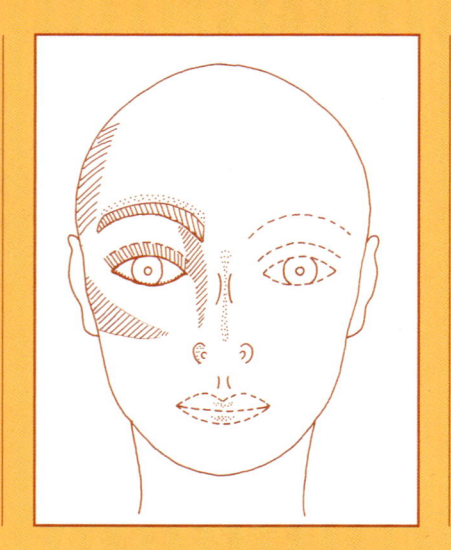

Weitere Gestaltungselemente

Das Kostüm ist ein langes, weißes Untergewand, darüber ein bestickter Mantel mit Goldborte. Die Kopfbedeckung ist ein sog. Arabertuch, das mit umgelegter schwarzer Kordel befestigt wird.

Gesichter fremder Völker

Neben die eingezeichneten Falten werden Lichter gesetzt, der Nasenrücken und die Nasenflügel stark aufgehellt.

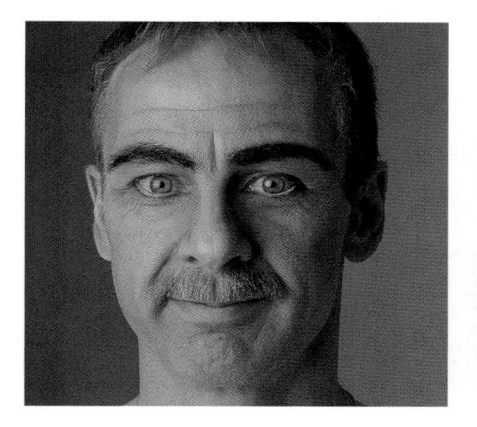

Die Falten werden weich ineinander gewischt, die Augen mit dem schwarzen Dermatographen umrandet. Der Lidrand am inneren Augenwinkel wird weiter nach unten gezogen. Er läuft im äußeren Augenwinkel nach oben schwungvoll aus. Der untere Innenrand des Lids wird mit weißem Kajal geschminkt. Die Wimpern tuschen Sie schwarz, die Augenbrauen werden schwarz nachgezogen.

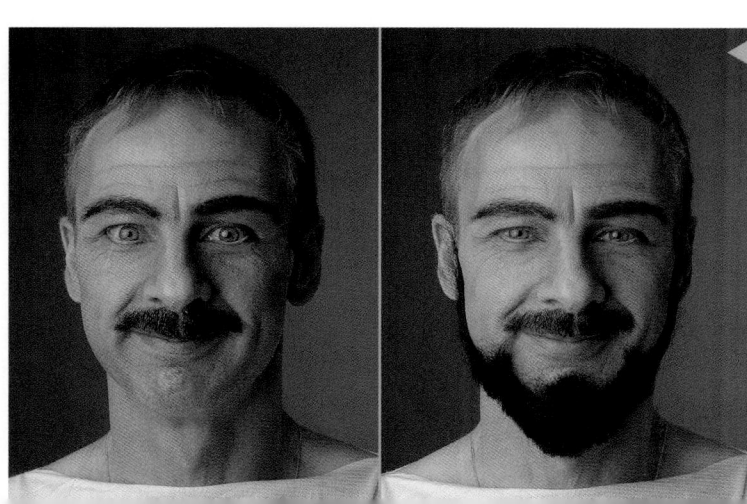

Links außen: Den Mund dunkelrot und mit braunroter Lippenfarbe aufschminken. Helles Licht wird auf die Lippenmitte gesetzt. Der gewachsene echte Schnauzbart wird schwarz eingefärbt.

Links: Kinn- und Backenbart werden nach der Anleitung (siehe Seite 33ff., Bärte) angefertigt und befestigt.

Ein Araber

Frank, ungeschminkt.

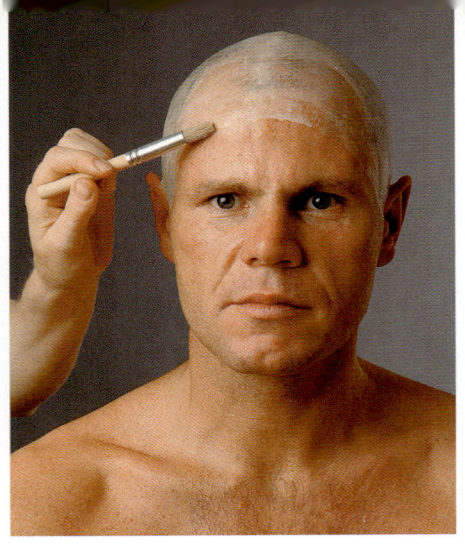

Die Glatze (hergestellt nach der Anleitung Seite 36f.) aufsetzen und mit Mastix fixieren.

Das Gesicht und Glatze mit Fettschminke und Spezialteint grundieren und gut abpudern.

Ein Benediktinermönch

Mönche werden im Theater gern als Vertreter der kirchlichen Autorität eingesetzt. Dieser Mönch ist als Benediktiner eingekleidet. Bei dieser Maske gilt das »weniger ist mehr«. Mit möglichst wenig Farbe wird ein etwas gealtertes, schlaffes Gesicht dargestellt. Eine Glatze mit Haarkranz, Hängebacken und ein rundes Kinn verstärken diesen Eindruck.

Das wird gebraucht

- Fettschminke Nb3, Olive, dunkelrot 082
- Spezialteint 6W
- Dermatograph braun
- Wangenrouge SM
- Wollkrepp braun und blond

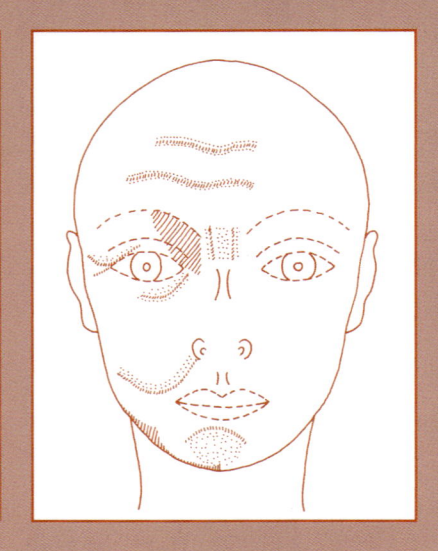

Weitere Gestaltungselemente

Für das Kostüm wird nur eine einfache braune Kutte benötigt sowie ein größeres Kreuz, das umgehängt getragen wird.

In einem anderen Kostüm (evtl. einer Arbeitshose, kariertem Hemd, Lederschürze) kann die Maske des Mönchs, mit etwas mehr Couperose versehen, auch gut einen trinkfreudigen Winzer darstellen.

Besondere Charaktere und Typen

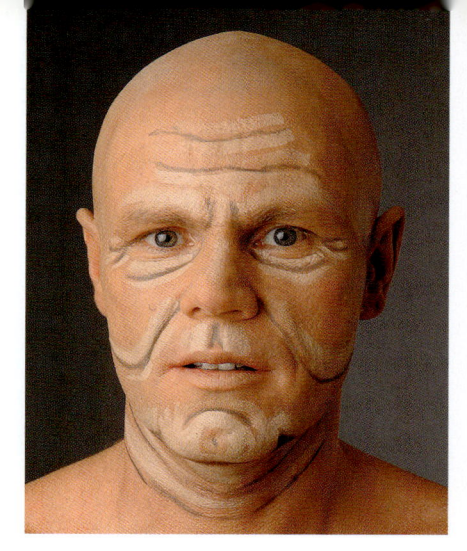

Mit einem braunen Dermatographen werden die Stirnfalten, Tränensäcke, Hängewangen, Schlupflider und ein Kinnpolster eingezeichnet. Neben die Schattenlinien setzen Sie helle Lichter.

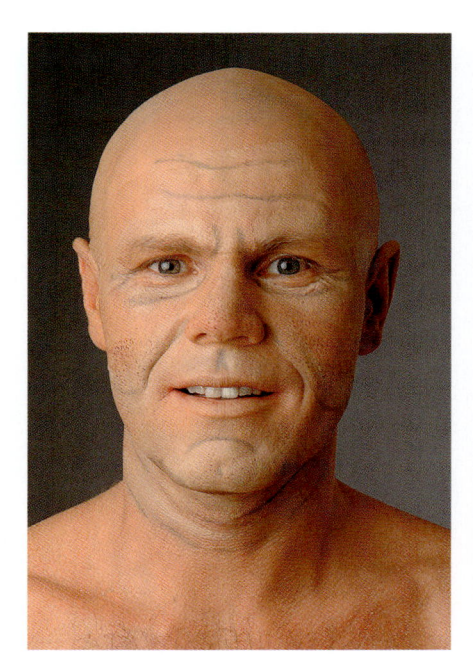

Anschließend werden die Lichter und Schatten vorsichtig ineinander verwischt und abgepudert. Mit einem Couperoseschwamm etwas dunkelrote Fettschminke auf die Wangen und Nase tupfen. Stäuben Sie auf die Wangen etwas Wangenrouge.

Auf die Glatze kleben Sie mit Mastix einen Ring aus krausem braunen Wollkrepp.

Ein Benediktinermönch

Heiko, ungeschminkt.

Die Grundierung mit Fettschminke auftragen und gut abpudern.

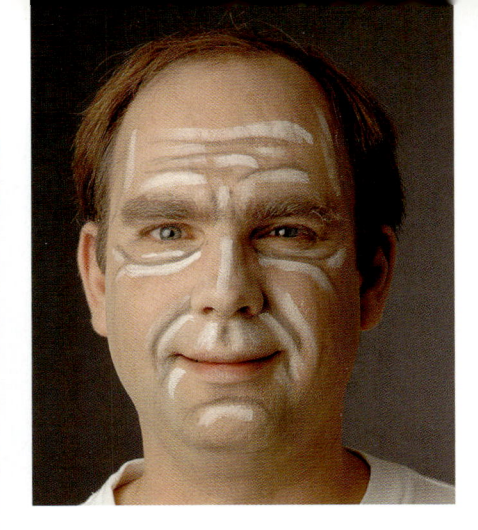

Die Schläfen werden mit Fettschminke schattiert und im Stirnbereich und in den Wangen unterhalb der Augen werden Falten eingezeichnet. Daneben helle Lichter setzen und mit der Schminke vorsichtig ineinander wischen.

Ein Clochard

Der Typ des heruntergekommenen, sich gehen lassenden Trunkenboldes ist geprägt durch eine ungesunde Gesichtsfarbe, die ins Grüne tendiert, tiefe Ringe unter den Augen und natürlich eine schlechte Rasur.

Das wird gebraucht

- Fettschminke DG, 517, 512, 070, 303, 382
- Dermatograph rot
- Wollkrepp schwarz und grau
- Stoppelstift
- Mastix
- Zahnlack schwarz

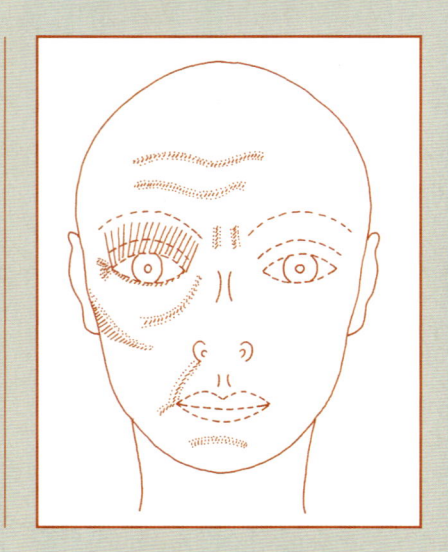

Weitere Gestaltungselemente

Der Clochard steckt in einem langen, grauen Mantel, dazu trägt er Schal und Wollmütze. Haare aus grauem Wollkrepp quellen unter der Mütze und hinter den Ohren hervor. Als Accessoire: eine Flasche in einer braunen Papiertüte.

Besondere Charaktere und Typen

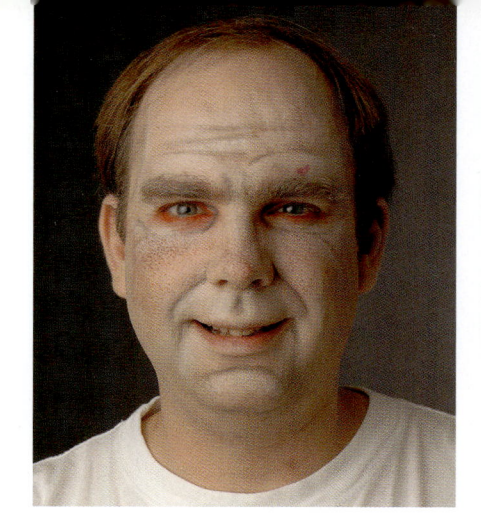

Die Augen mit dem roten Dermatographen umranden und leicht verwischen. Mit einem Stoppelschwamm verteilt man etwas rote Fettschminke auf Wangen und Nase.

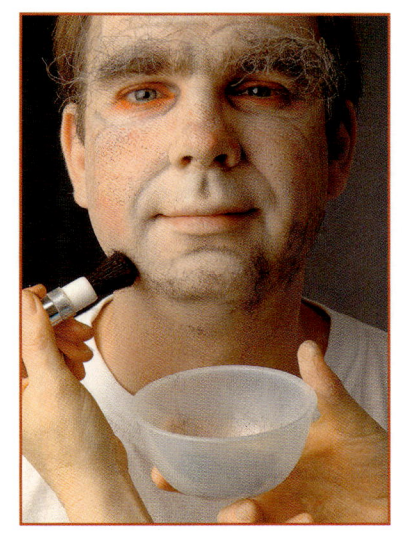

Für den Stoppelbart werden aus schwarzem Wollkrepp kurze Stoppeln geschnitten (siehe Seite 35) und das Kinn, Hals und Wangen mit einem Stoppelstift eingerieben. Mit einem Pinsel die kurz geschnittenen Stoppeln auftragen.

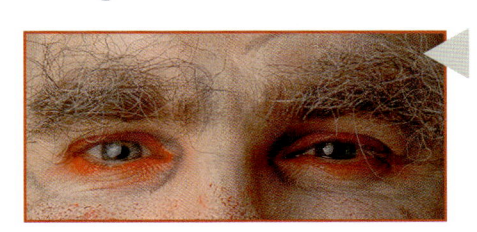

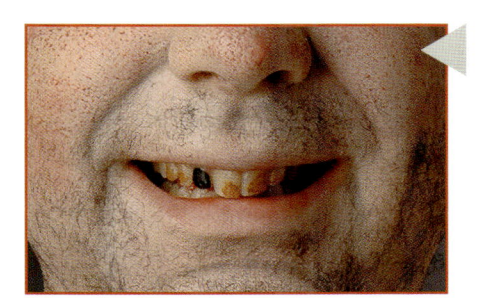

Augenbrauen herunterkämmen und als Verstärkung grauen Wollkrepp mit Mastix ankleben.

Um Zahnlücken vorzutäuschen, färben Sie einige Zähne mit dem schwarzen Zahnlack ein. Die Hände auf »ungepflegt« schminken und unter die Nägel »Trauerränder« mit einem grauen oder schwarzen Dermatographen malen.

Ein Clochard

67

Karsten, ungeschminkt.

Es beginnt mit dem Aufsetzen der Glatze (siehe Seite 37) und dem Anlegen der faltigen Haut im Wangenbereich mit Spezial-Gummimilch (siehe Seite 46).

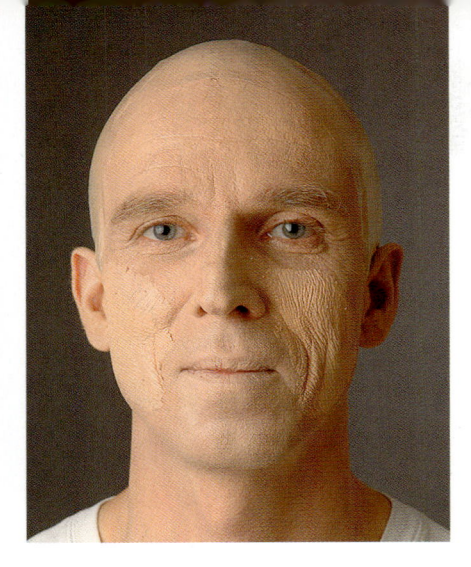

Grundieren Sie die Glatze und die mit Gummimilch angelegten Falten mit Spezialteint. Das restliche Gesicht mit Fettschminke grundieren. Abschließend gut abpudern.

Der Medizin-Professor

Das ist die Maske eines in die Jahre gekommenen Intellektuellen alter Schule. Kennzeichnend für ihn sind vor allem seine Haare. Die Glatze mit dem weißen Haarkranz, der Backenbart, die buschigen Augenbrauen und die dezente Brille unterstreichen das Erscheinungsbild optimal.

Das wird gebraucht

- Glatze / Glatzan
- Spezialteint 072
- Fettschminke 072
- Dermatograph anthrazitfarben
- Schnauzbart
- Wollkrepp grau und weiß

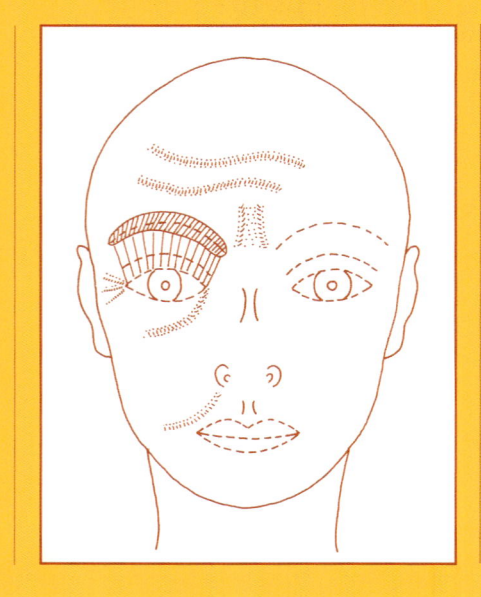

Weitere Gestaltungselemente

Das Kostüm ist sehr einfach: Weißer Arztkittel und kleine Brille. Erkennungszeichen für den Beruf: das Stethoskop.

Gestaltungsvariante

Aus dieser Maske können Sie auch sehr leicht den zerstreuten Professor machen. Dafür auf die Glatze und den Bart verzichten und eine Perücke mit wild abstehenden Haaren, Marke »Einstein«, wählen.

Besondere Charaktere und Typen

Den Schnauzbart ankleben und mit grauer und weißer Aquaschminke einfärben. Wollkrepp an die Glatze mit Mastix ankleben.

Zum Schluss sparsam etwas Rouge auf den Wangen verteilen.

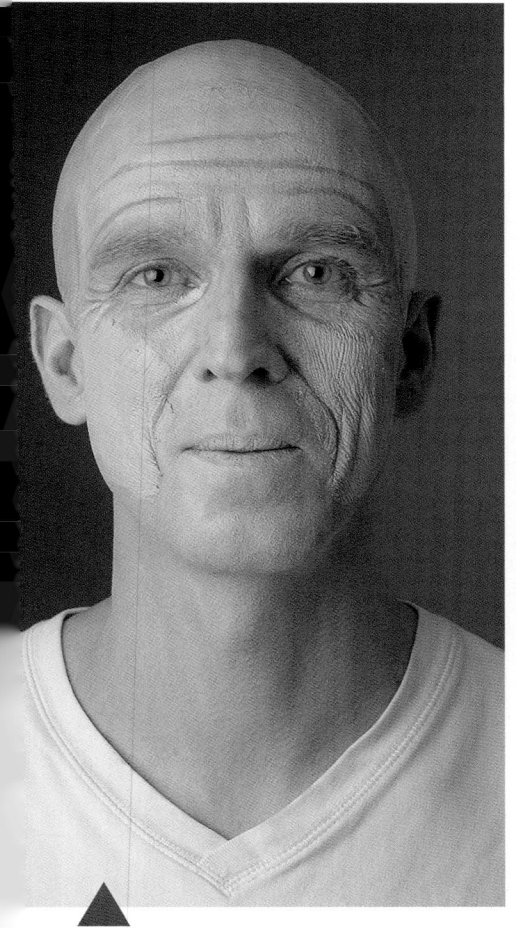

▲ Die Falten mit dem grauen Dermatographen anlegen und vertiefen (Stirnbereich, Nasenwurzel, Tränensäcke, Krähenfüße und die Nasolabialfalte). Die Augenhöhlen abschattieren.

Sören, ungeschminkt.

Die Grundierung auf Gesicht und Hals aufbringen und abpudern.

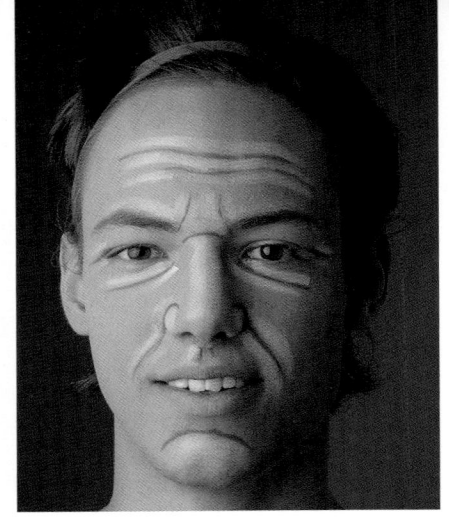

Die Faltentäler mit dem grauen Dermatographen im Bereich der Stirn, der Nasenwurzel, unterhalb der Augen, an der Nasolabialfalte und am Kinn einzeichnen. Neben die Schattenlinien Lichter setzen, etwas leichter auch welche in die Grundierung.

Der Mafioso

Der böse Fiesling wird gern durch einen Macho mit südländischem Einschlag verkörpert. Charakteristisch ist der düstere, böse Blick. Die Mimik wird durch die Betonung der Augen- und Augenbrauenpartie mit stark herausgearbeiteter, steiler Nasenfurche verstärkt.

Das wird gebraucht

- Fettschminke DO, ELO
- Dermatograph grau
- Kajal schwarz
- Echthaarbart 921
- Wollkrepp schwarz
- Stoppelstift

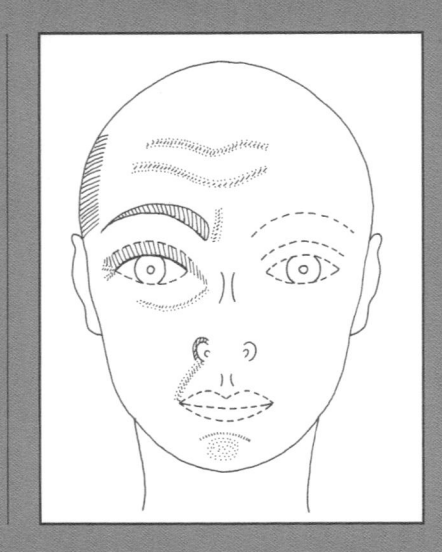

Weitere Gestaltungselemente

Der »feine« Herr trägt einen Anzug, weißes Hemd, eine lose gebundene Krawatte und einen Hut mit etwas breiterer Krempe. Ohne Hut wird man die mit Gel zurückgekämmten Haare sehen.

Besondere Charaktere und Typen

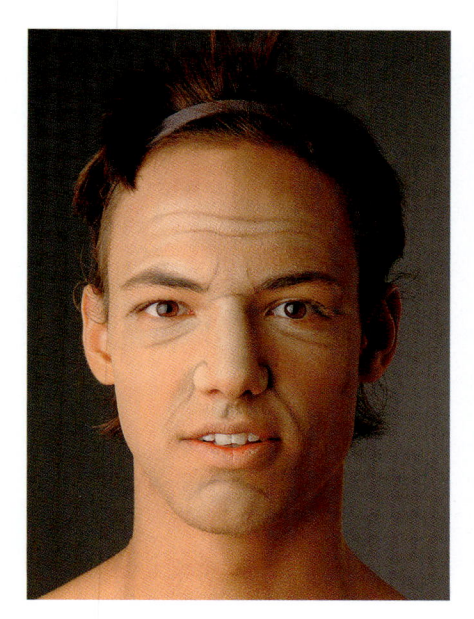

Schatten und Lichter vorsichtig ineinander verwischen. Die Augenbrauen mit dem schwarzen Dermatographen nachziehen.

Die Innenwinkel der Augen und die Außenseiten der Nase mit dunkler Fettschminke abdunkeln. Ziehen Sie auf dem Oberlid einen feinen schwarzen Strich mit Kajal. Den fertigen Echthaarbart als Oberlippenbart mit Mastix befestigen und auf 2 bis 3 mm gekürzten Wollkrepp als Drei-Tage-Bart mit Stoppelstift an Kinn und Hals befestigen.

Der Mafioso

Frank, ungeschminkt.

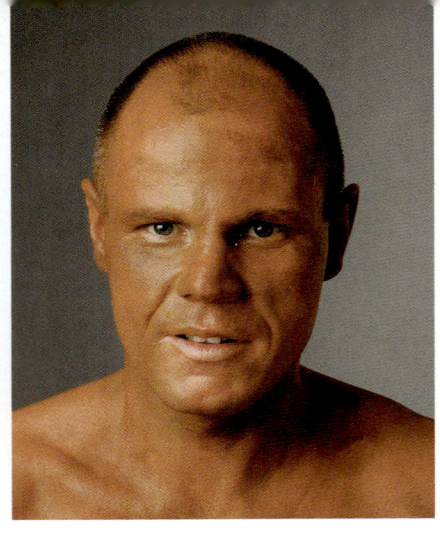

Die Grundierung mit Wasserschminke auf Gesicht, Oberkörper und Arme aufbringen.

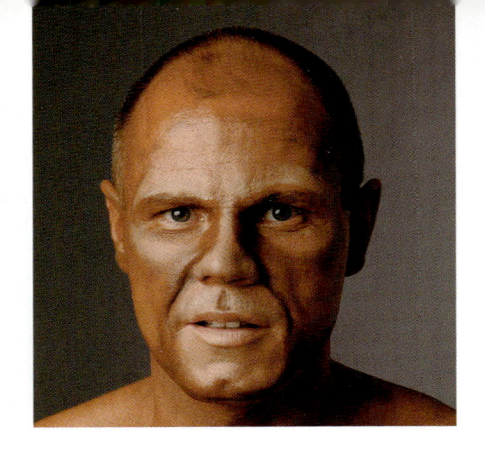

Lichter auf Kinn- und Mundpartie, Wangenknochen, Augenbrauenbogen, Nasenrücken und Nasenflügel setzen. Neben die Lichter und unter das Kinn sowie im Schläfenbereich Schatten anlegen. Auch die inneren Augenwinkel werden abschattiert.

Der Neandertaler

Der Neandertaler ist der bei uns bekannteste Urmensch. Das Gesicht des Neandertalers lässt sich heute nur aufgrund von Knochenfunden rekonstruieren. Man weiß, dass der Schädel Ähnlichkeit mit dem Menschenaffen hatte, jedoch nicht so stark behaart war, auch wenn dies häufig so dargestellt wird. Die Affenähnlichkeit wird in dieser Maske durch Betonung der Wangenknochen, des Kiefern-Mundbereiches und der Augenbrauenbogen hervorgerufen. Durch Setzen breiter und sehr heller Lichter treten diese stärker nach vorne. Zusätzlich wurde die Nase mit Hilfe von Nasenstöpseln künstlich verbreitert.

Das wird gebraucht

- Aquacolor 043, 521, 101, 071
- Kajal weiß
- Mascara schwarz
- Eyeliner schwarz
- Dermatograph schwarz
- Lippenrouge LC 157, 406
- Wollkrepp schwarz
- Hydromastix
- Nasenstöpsel

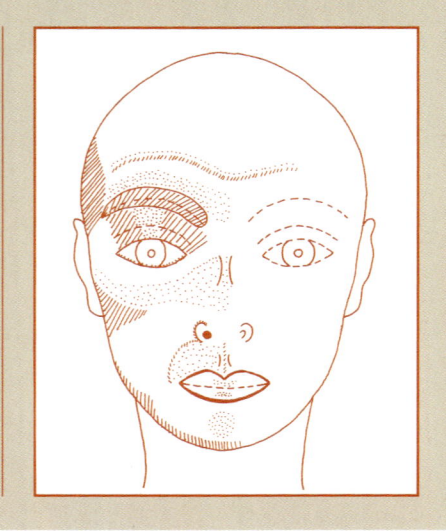

Weitere Gestaltungselemente

Der Kopf ist bedeckt durch eine schwarze Langhaarperücke, mit Aquacolor braun 043 gesträhnt. Die Ponyfrisur ist an der Stirn festgeklebt. Die Haare stecken hinter dem Ohr, evtl. festkleben.

Das Kostüm besteht aus Leder-resten, die um den Körper drapiert und in die darunter getragene Badehose gesteckt wurden.

Historische Masken

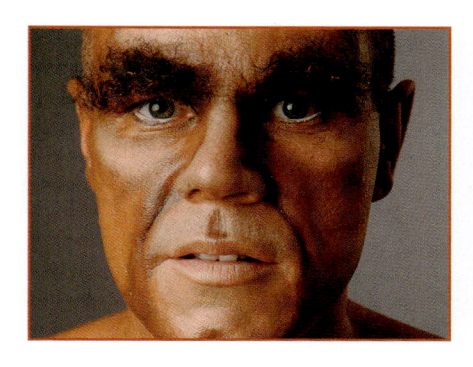

Auf das untere Innenlid wird weißer Kajal aufgelegt und das gesamte Auge dünn mit Eyeliner umrandet. Schminken Sie das Oberlid dunkel und setzen Sie auf die Mitte ein weißes Licht. Augenbrauen werden buschiger durch Stücke von unbehandeltem Wollkrepp, der mit Hydromastix angeklebt und mit Wimperntusche eingefärbt wird. Ebenso auch die Wimpern tuschen.

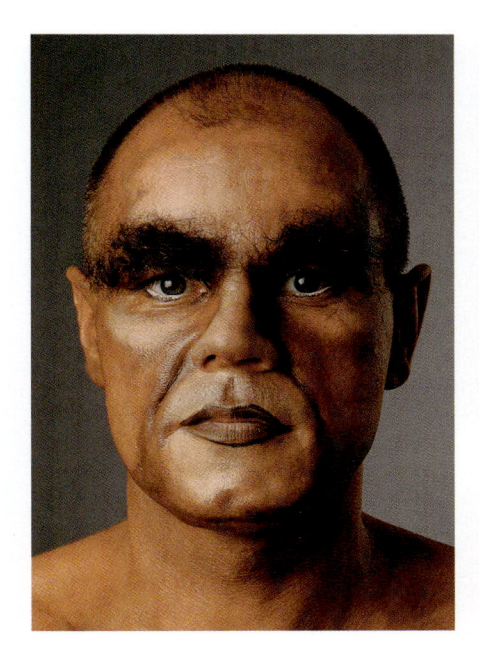

Die Lippen außerhalb der Kontur mit dem Dermatographen schwarz umranden und mit dunkelbraunem Lippenrouge ausmalen. Setzen Sie auf die Lippenmitte ein helles Licht.

Zur Verbreiterung der Nasenflügel setzen Sie Nasenstöpsel ein (siehe Seite 28), die Sie schwarz einfärben.

Der Neandertaler

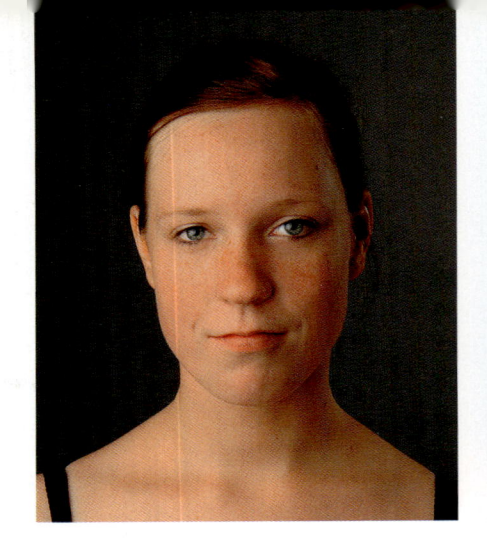

Britta, ungeschminkt.

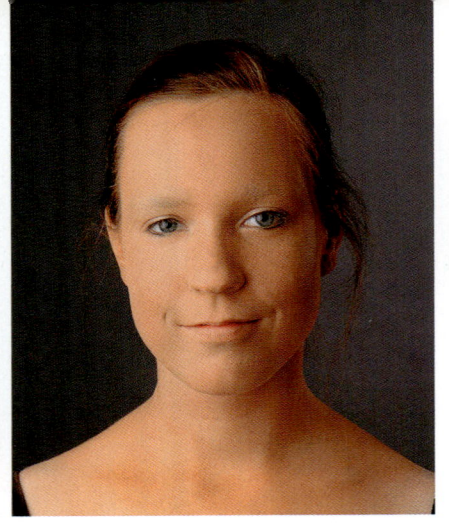

Zuerst die Augenbrauen wegseifen (siehe Seite 27) und anschließend Gesicht, Hals und Dekolleté mit Fettschminke grundieren und abpudern.

Mit einem Eyeliner wird am Rand der Ober- und Unterlider ein dicker Lidstrich gezogen. Man lässt ihn am äußeren Augenwinkel etwa einen Zentimeter zur Schläfe hin auslaufen und mit einem senkrechten Strich enden. Der innere Augenwinkel wird zur Nase hin nach unten verlängert. Anschließend schminken Sie das Oberlid mit blauem, das untere Lid mit grünem Lidschatten. Unterhalb der Augenbrauen reichlich Goldpuder auflegen.

Die Ägypterin

Nicht nur die Frauen, auch die Männer schminkten sich recht kräftig im alten Ägypten. Die Augen wurden mit schwarzem Bleiglanz umrandet und die Augenlider mit zerriebenem Malachit grün eingefärbt. Mit Hennacreme färbte man sich die Wangen und auf die Lippen wurde Karmin aufgelegt. – Kunstvoll und vielfältig waren auch die Frisuren. Sowohl Männer als auch Frauen trugen gern kunstvoll geflochtene Perücken oder das natürliche Haar streng geometrisch geschnitten. Auch das Kahlscheren zu Glatzen war bei beiden Geschlechtern üblich.

Das wird gebraucht

- Seife
- Künstliche Wimpern B1
- Fettschminke DO
- Eyeliner schwarz
- Dermatograph schwarz
- Lippenrouge LC 153
- Lidschatten Emerald/ TV-Blue/Gold
- Wangenrouge 075
- Goldpaste

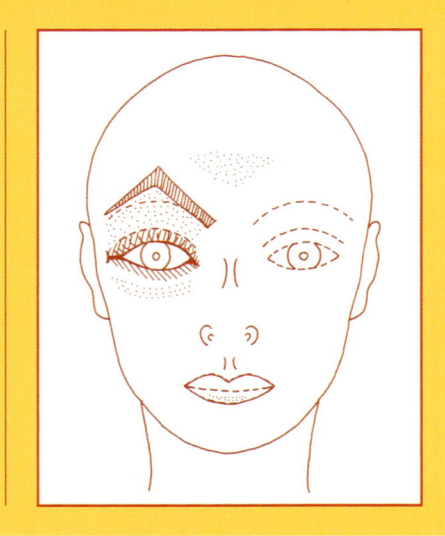

Weitere Gestaltungselemente

Als Kostüm trägt die Ägypterin ein bodenlanges, weißes Leinengewand. Der Brustkragen ist aus Goldfolie mit Glassteinen besetzt, der Haarreif aus Goldfolie. Dazu diverse Armbänder.

Historische Masken

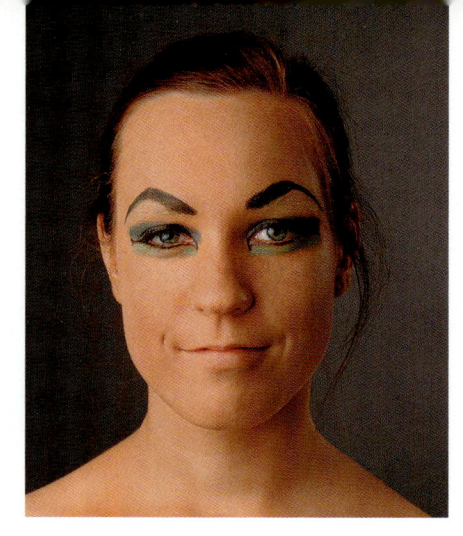

Oberhalb der weggeseiften Augenbrauen werden mit einem schwarzen Dermatographen fast balkenartige, neue Augenbrauen zunächst als Kontur gezogen und anschließend ausgemalt.

Die Lippen werden mit einem roten Dermatographen umrandet und mit Lippenrouge ausgemalt. Auf die Unterlippe legen Sie etwas Goldpaste auf.

Zum Schluss wird auch etwas Goldpaste auf die Wangenknochen, Stirn und evtl. Arme gegeben und verteilt.

Die Ägypterin

Daniela, ungeschminkt.

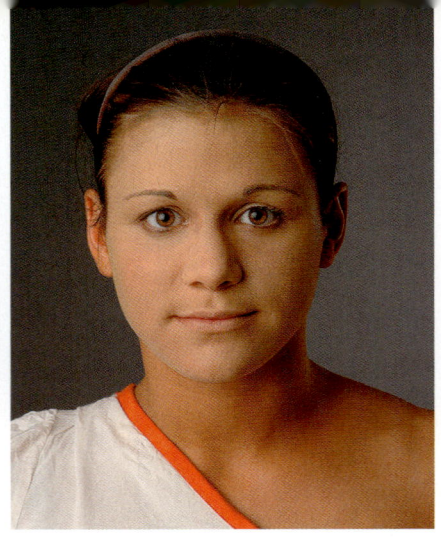

Die Grundierung auflegen und gut abpudern.

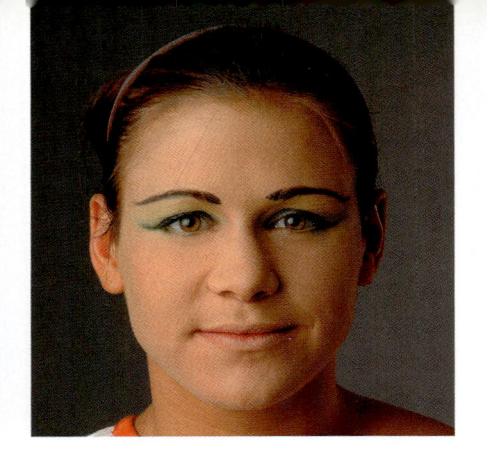

Die Augen mit grünem Kajal umranden und auf das Oberlid grünen Lidschatten auflegen. Tuschen Sie die Wimpern schwarz, die Augenbrauen ziehen Sie mit einem Dermatographen nach.

Die Römerin

Bei den Römern schminkten sowohl Männer als auch Frauen ihre Gesichter weiß und färbten Wangen und Lippen rot ein. Die Frauen legten außerdem noch grünen Lidschatten auf.

Die Frisuren waren kunstvoll hochgesteckt oder zum Teil mit falschen Zöpfen ergänzt. Haare und Augenbrauen waren häufig schwarz eingefärbt.

Für die Bühne sollte auf eine authentische und damit sehr auffällige Maske verzichtet werden, da diese überzeichnet wirken könnte.

Das wird gebraucht

- Fettschminke ODS2, NB3
- Supracolor 046
- Dermatograph schwarz und dunkelrot
- Kajal schwarz und weiß
- Mascara schwarz
- Lippenrouge LC 152

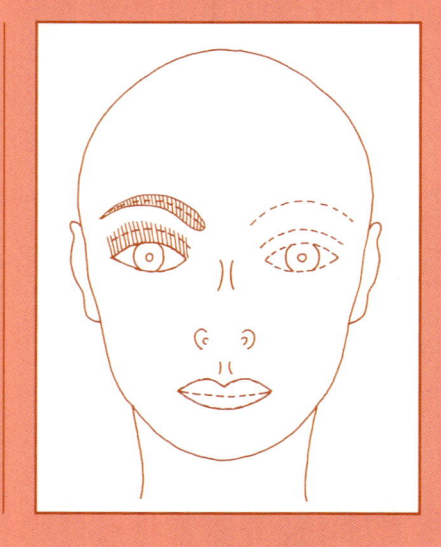

Weitere Gestaltungselemente

Die Römerin trägt ein weißes, ärmelloses, bodenlanges Kleid mit einem weißen Umhang auf der Schulter, der mit einer Fibel festgesteckt ist.

Die Haare sind onduliert, hochgesteckt und mit einem Diadem aus Goldblech verziert.

Historische Masken

Die Lippen mit dem roten Dermatographen umranden und dann ausmalen.

Wangenrouge legen Sie nur sparsam auf.

Gestaltungsvariante

Ähnlich der Römerin ist die Maske der Griechin. Das Make-up ist etwas sparsamer. Verwenden Sie eine blasse Lippenfarbe und lassen Sie Wangenrouge weg. Betonen Sie die obere Lidfalte mit dunklerem Lidschatten. Die Haare werden am Hinterkopf hochgesteckt und Korkenzieherlocken fallen locker auf die Schulter. Abgesehen vom Umhang ist das Kostüm der einer Römerin sehr ähnlich.

Die Römerin

Patrick, ungeschminkt.

Die Wunde und Narbe herstellen (siehe Seite 40ff.). Die für die Wunde/Narbe vorgesehene Stelle wird vor dem Aufbringen der Applikation gereinigt und mit Mastix bestrichen.

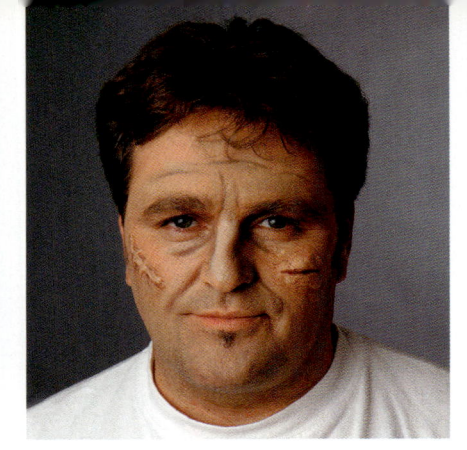

Die umgebende Haut bzw. das restliche Gesicht wird mit Fettschminke grundiert und abgepudert. Anschließend werden Falten an den Schläfen, der Stirn, der Nasenwurzel und den Augen eingemalt. Die Augenlider werden abschattiert. Eine gebrochene Nase einschminken (siehe Seite 28) und abschließend gut abpudern.

Der geharnischte Ritter

Die Ritter des Mittelalters waren häufig durch Blessuren und Narben als Folge kriegerischer Auseinandersetzungen oder eher »sportlicher« Turniere gezeichnet. Deshalb ist in dieser Maske eines bärtigen Ritters das besondere Merkmal eine frische Verletzung und eine markante Narbe.

Das wird gebraucht

- Fettschminke ODS2, NB3
- Supracolor 046
- Dermatograph schwarz und dunkelrot
- Kajal schwarz und weiß
- Mascara schwarz
- Lippenrouge LC 152

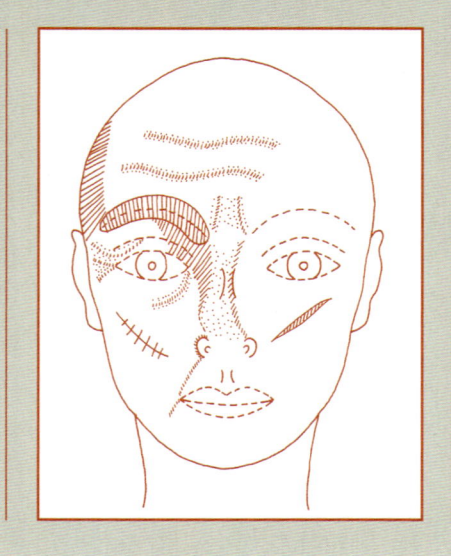

Weitere Gestaltungselemente

Das Kostüm besteht aus einem weißen T-Shirt und einem echten Kettenhemd sowie einer Kettenkapuze. Darüber trägt der Ritter ein ärmelloses Leinengewand mit aufgemaltem Wappen. Überzeugendes Accessoire ist ein großes Schwert.

Historische Masken

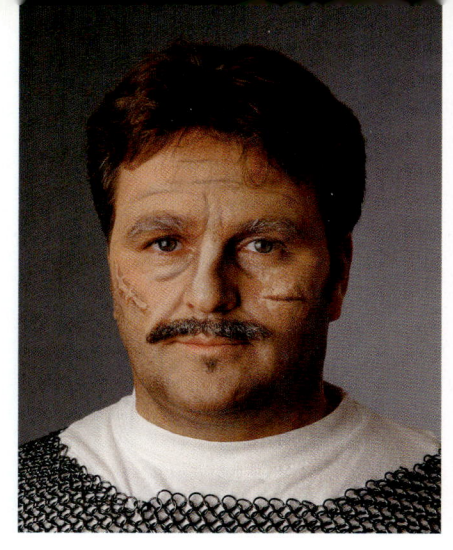

Den Schnauzbart ankleben, einfärben und die Augenbrauen farblich anpassen. Einen Bartschatten mit grobporigem Gummiporenschwamm und dunkelbrauner Fettschminke anlegen.

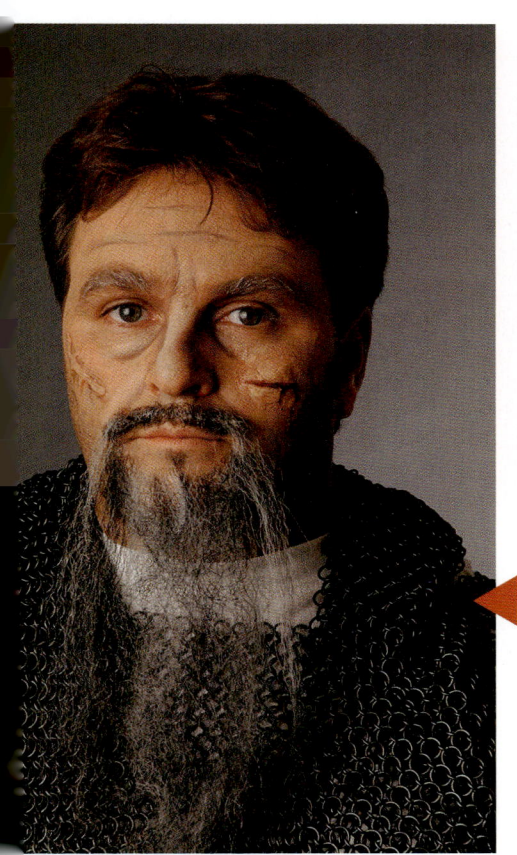

Mit grauen, unregelmäßig langen Wollkreppsträhnen einen längeren Kinnbart ankleben.

Der geharnischte Ritter

Sabine, ungeschminkt.

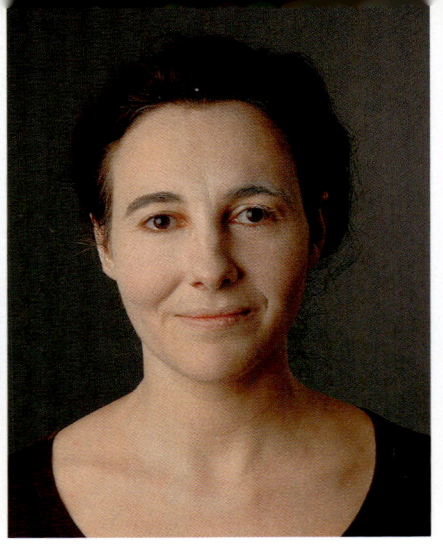

Die Grundierung auftragen und gut abpudern.

Die Augenbrauen werden mit einem anthrazitfarbenen Dermatographen nachgezogen, die Wimpern schwarz getuscht.

Eine edle Barockdame

Das Zeitalter des Barock umfasst – je nach Betrachtungsweise – ungefähr das 17. und die ersten Jahrzehnte des 18. Jahrhunderts. Die Mode wurde stark durch den französischen Hof beeinflusst. Im Theater Molières sind barocke Figuren gefragt. Auffallend an den Masken ist die ausgesprochen helle, fast weiße Grundierung und der darin stark geschminkte Mund. Zusätzliches Merkmal sind die Schönheitsflecke, die aus Samt geschnitten und aufgeklebt wurden. Sterne, Monde, Herzen, Karos oder auch nur ein einfacher Punkt waren Mode.

Das wird gebraucht

- Grundierung Fettschminke TV-White
- Lippenrouge LC 005/LC007
- Wangenrouge Youth red
- Dermatograph rot
- Kajal schwarz
- Eyeliner schwarz für den Schönheitsfleck

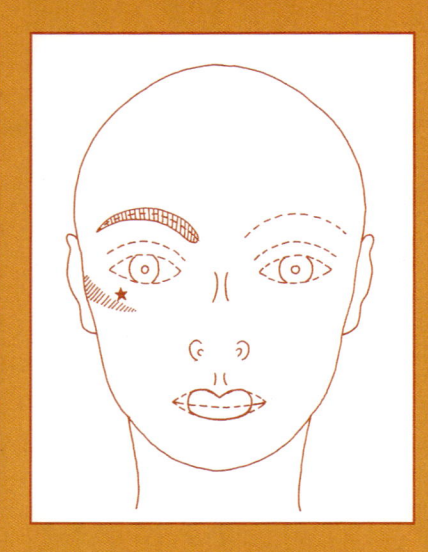

Weitere Gestaltungselemente

Als Kostüm trägt die Dame des Barock ein weites, langes Seidenkleid mit Korsage. Dazu ist ein verstärkter Unterrock nötig. Die Haare werden hochgesteckt und sind mit Bändern durchflochten.

Historische Masken

Umranden Sie die Lippen schmal zu einem Kirschmund (siehe Seite 23), dabei die äußeren Lippenecken nicht mit in die Kontur einbeziehen.

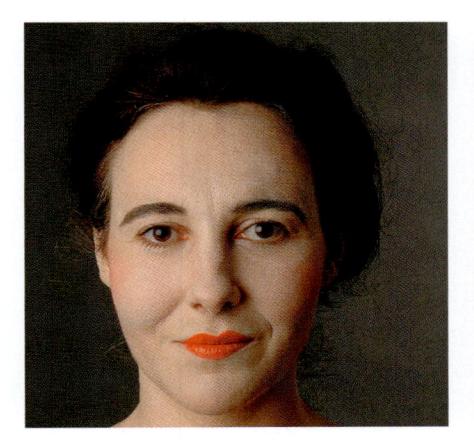

Auf den äußeren Schläfen keilförmig zur Wange zulaufend, Wangenrouge mit dem Pinsel aufbringen.

Einen Schönheitsfleck mit Eyeliner unterhalb des rechten Auges aufmalen.

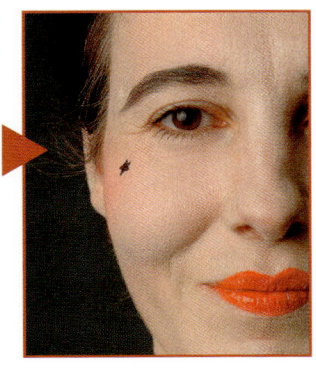

Gestaltungsvariante

Für dieses Zeitalter gibt es auch viele Rollen mit einer Kupplerin bzw. einer komischen Alten. Dafür schminkt man das Gesicht entweder unvorteilhaft alt und legt darüber eine dicke Schicht Schminke oder übertreibt den Einsatz von Rouge und Lippenschminke.

Eine edle Barockdame

Andreas, ungeschminkt.

Die Grundierung TV-White auftragen, gut abpudern.

Augenbrauen mit einem anthrazitfarbenen Dermatographen nachziehen.

Ein edler Barockherr

In der Barockzeit setzte die Mode auch beim Mann neue Akzente. Die neue Mode zeigte sich beim Mann nicht mehr nur darin wie der Bart gestutzt war oder ob das Haar lang oder kurz getragen wurde. Nein, auch der Mann schminkte sich die Lippen, das Gesicht weiß und benutzte sogar Kajal. Weniger auffällig als bei der Frau war der einzelne runde Schönheitsfleck auf der Wange. Es war die Zeit der Allongeperücke, die schulterlang getragen wurde.

Das wird gebraucht

- Grundierung Fettschminke TV-White
- Lippenrouge LC 005 / LC007
- Wangenrouge Youth red
- Dermatograph rot
- Kajal schwarz
- Eyeliner schwarz für den Schönheitsfleck

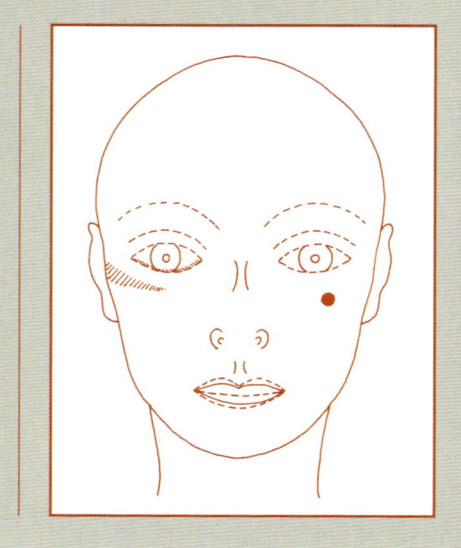

Weitere Gestaltungselemente

Der edle Herr trägt eine weiße Rüschenbluse, Weste, Gehrock und Kniebundhose, ggf. einen Dreispitz. Charakteristisch ist die Allongeperücke. Gegen Ende des Barock war es auch modern, die Haare lang, zu einem Zopf zusammengebunden zu tragen. Der Zopf wurde dann entweder mit einer schwarzen Samtschleife verziert oder in einem sog. Haarbeutel getragen.

Historische Masken

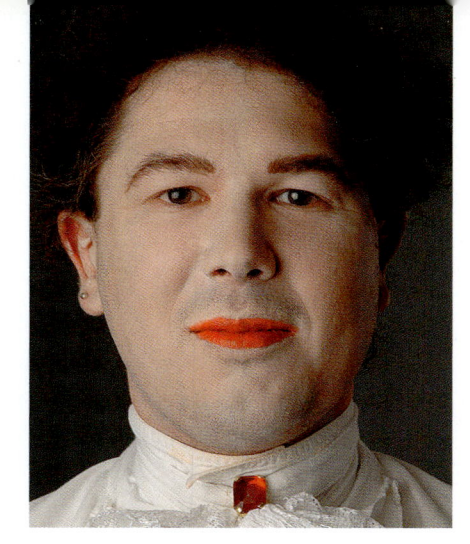

Ziehen Sie die Lippen schmal, innerhalb der natürlichen Kontur nach (siehe Seite 23).

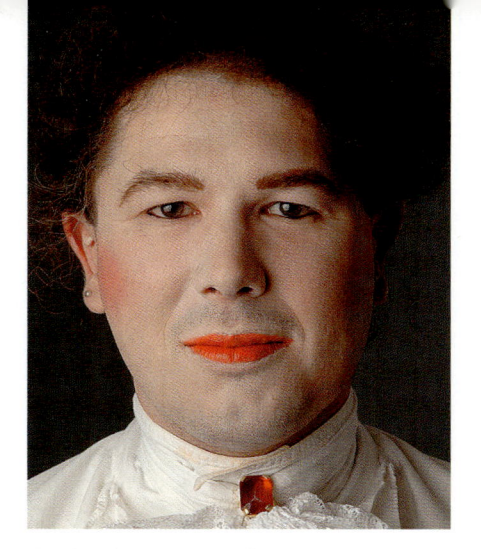

Auf den äußeren Schläfen keilförmig zur Wange zulaufend Wangenrouge mit dem Pinsel aufbringen. Kajal auf das innere untere Augenlid auftragen.

Den Schönheitsfleck mit dem Eyeliner aufmalen und die Allongeperücke aufsetzen.

Ein edler Barockherr

Historische Masken

»Halten zu Gnaden...«

Ein edler Barockherr

Katharina, ungeschminkt.

Die Grundierung auflegen und gut abpudern.

Umranden Sie die Lippen mit einem roten Dermatographen, dabei die äußeren Mundwinkel aussparen. Mit tiefroter Lippenfarbe ausmalen.

Die Charleston-Lady

Die 20er Jahre des letzten Jahrhunderts waren politisch von den Nachwehen des ersten Weltkrieges mit einer wirtschaftlichen Depression und hoher Arbeitslosigkeit geprägt. Die High-Society feierte ausgelassene Cocktailpartys und tanzte Charleston. Die selbstbewusste Frau orientierte sich an der Mode der Stummfilmheldinnen und deren Eleganz. Die langen Haare fielen und machten einer Kurzhaarfrisur Platz, dem meist leicht gewellten Bob. Das Make-up war entsprechend kontrastreich. Ein fahler Teint kontrastierte mit stark geschminkten Augen und Mund. Dieser wurde auffällig kleiner und herzförmig geschminkt.

Das wird gebraucht

- Fettschminke Supracolor 072
- Wimperntresse
- Lidschatten anthrazitfarben und grau
- Dermatograph grau, rot und dunkelrot
- Lippenrouge LC009
- Wangenrouge R6

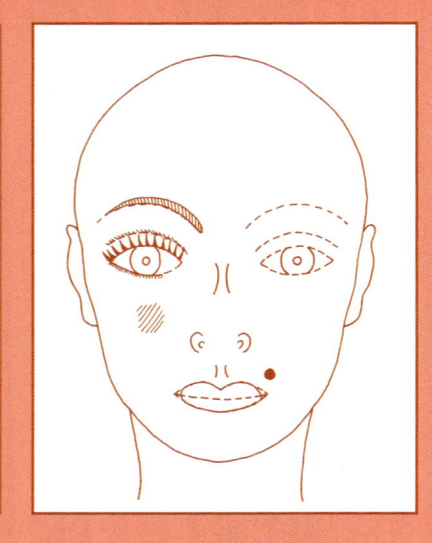

Weitere Gestaltungselemente

Das vampähnliche Kostüm setzt sich zusammen aus einem schwarzen Kleid mit tiefem V-Ausschnitt, etwas verdeckt durch ein schwarzes Spitzentop, Federboa und schwarzen, langen Handschuhen. Dazu umfangreiche Accessoires wie Kette, Ohrgehänge aus grünem Glas, schwarzes Stirnband, Pfauenfeder und die obligatorische, möglichst lange Zigarettenspitze. Die Haare sind in leichten Wellen nach hinten gesteckt, mit dem Stirnband als Zierde und Halt.

Historische Masken

Die Augenbrauen hochkämmen und fixieren, ggf. mit einem grauen Dermatographen dünn nachstricheln. Die Wimpern aus der Tresse zurechtschneiden, am oberen Lidrand fixieren (siehe Seite 30) und schwarz tuschen.

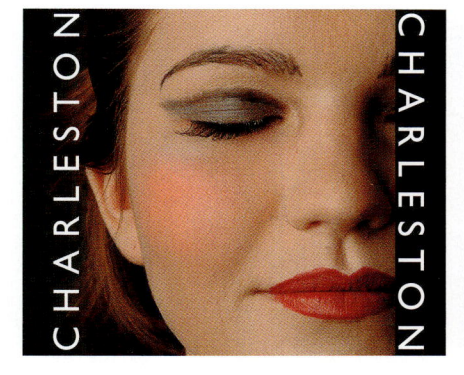

Legen Sie in die obere Lidfalte anthrazitfarbenen Lidschatten, die angrenzenden Partien sowie das untere Lid werden mit grauem Lidschatten geschminkt. Das gesamte Auge am Lidrand mit dem grauen Dermatographen fein umranden und am unteren Lidrand leicht verwischen.

Verteilen Sie auf den oberen Wangenknochen leicht etwas Rouge. Abschließend links oberhalb der Lippe einen kreisrunden, dezenten Schönheitsfleck mit Eyeliner aufmalen.

Die Charleston-Lady

Nicki, ungeschminkt.

Die Augenbrauen wegseifen (siehe Seite 27). Gesicht, Hals und Dekolleté mit Fettschminke grundieren und abpudern.

Oberhalb der weggeseiften Augenbrauen die neue Linie der Augenbrauen mit einem stärkeren Aufwärtsschwung mit dem schwarzen Dermatographen aufmalen. Künstliche Wimpern ankleben (siehe Seite 30) und mit Mascara schwarz tuschen.

Hollywood 40er Jahre

Die 40er Jahre des letzten Jahrhunderts erlebte Europa im 2. Weltkrieg und der harten Nachkriegszeit. In dieser für Europa bitteren Zeit feierte der amerikanische Film mit glamourösen Schauspielerinnen wie Rita Hayworth, Bette Davis, Ginger Rogers und vielen anderen triumphale Erfolge. Die Stars trugen bei ihren großen Auftritten ein auffälliges Make-up. Lange künstliche Wimpern und dramatisch geschminkte Augen unterstrichen den Glamour dieser Mode.

Das wird gebraucht

- Seife
- Künstliche Wimpern B1
- Fettschminke OB 3
- Dermatograph schwarz und dunkelrot
- Mascara schwarz
- Lippenrouge LC 104
- Lidschatten in Granit, Anthrazit und Gold 9
- Wangenrouge R6

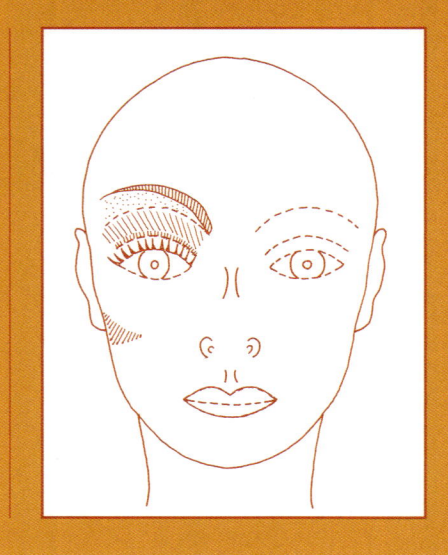

Weitere Gestaltungselemente

Als Kostüm eignen sich Abendkleider, gerne auch mit Pelzen. Die längeren Haare werden hochgesteckt, fallen aber lockig und werden mit Blumen oder anderem Schmuck verziert.

Historische Masken

Beim Augenschminken Anthrazit in die Lidfalte legen und mit Granit umranden. Helles Gold als Licht unterhalb der Augenbrauen und auf das Oberlid geben.

Die Lippen umranden Sie mit dem roten Dermatographen, mit Lippenrouge ausmalen. Anschließend sparsam etwas Wangenrouge direkt auf den Wangenknochen verteilen.

Hollywood 40er Jahre

Monja, ungeschminkt.

Grundierung auftragen und gut abpudern.

Die künstlichen Wimpern werden angeklebt (siehe Seite 30), die Augenbrauen mit dem Dermatographen nachgezogen.

60er Jahre-Glamour

Die 60er Jahre waren von verschiedenen Moderichtungen geprägt. Audrey Hepburn machte als Schauspielerin Furore, die Beatles versetzten mit ihrer Musik ganze Nationen in einen Ausnahmezustand. London wurde neues Modezentrum Europas und Miss Twiggy, ein zierliches englisches Model, setzte neue Modeakzente. Auffallend waren die stark geschminkten Augen mit künstlichen, langen Wimpern, Eyeliner und pastelligen Lidschatten.

Das wird gebraucht

- Künstliche Wimpern B4
- Fettschminke GG
- Dermatograph schwarz und hellrot
- Eyeliner schwarz
- Lidschatten glitter light blue und glitter pearl, anthrazit
- Lippenrouge LC 002
- Wangenrouge R9

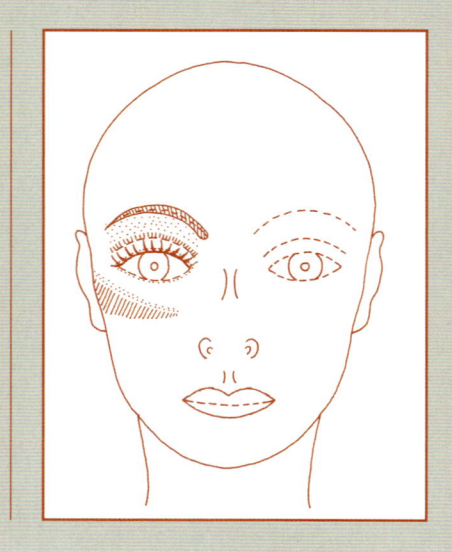

Weitere Gestaltungselemente

Die 1960er-Jahre-Frau trägt ein Etuikleid, Perlenkette und farblich passende große Ohrclips. Das Haar ist zu einem Knoten hochgesteckt.

Historische Masken

Den Lidstrich auf dem Oberlid mit einem Eyeliner ziehen und in die Lidfalte anthrazitfarbenen Lidschatten auftragen. Darüber, bis zu den Augenbrauen, hellblauen Lidschatten (abgestimmt auf das Kleid) auftragen. Das gesamte Auge umranden Sie schmal mit hellem Lidschatten bis zum inneren Augenwinkel.

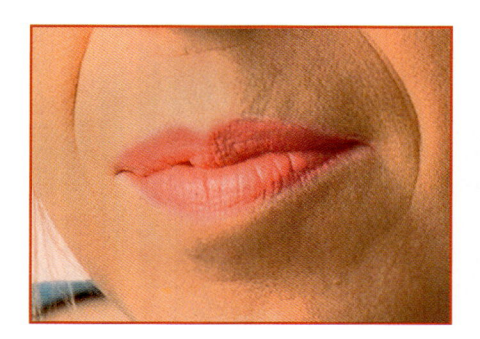

Die Lippen mit einem hellroten Dermatographen umranden und mit Lippenrouge ausmalen.

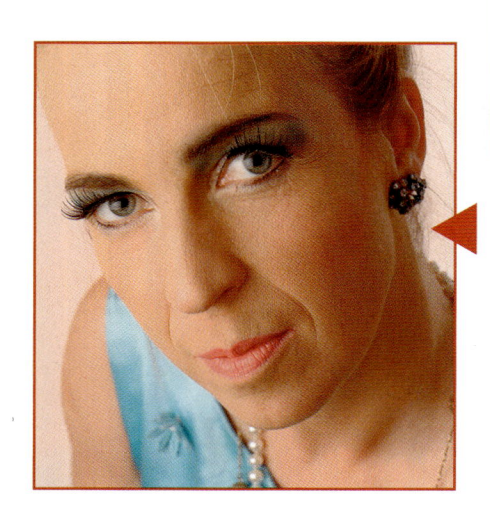

Wangenrouge keilförmig unterhalb der Wangenknochen auftragen und auf die Wangenknochen zusätzlich etwas von dem hellen Lidschatten verteilen.

60er-Jahre-Glamour

Sören, ungeschminkt.

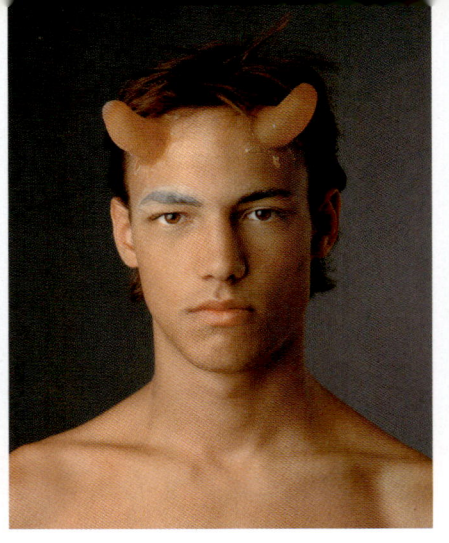

Zuerst werden die Gummihörner direkt auf die gereinigte Haut mit Mastix nach der Anleitung auf Seite 38f. aufgebracht und die Augenbrauen weggeseift.

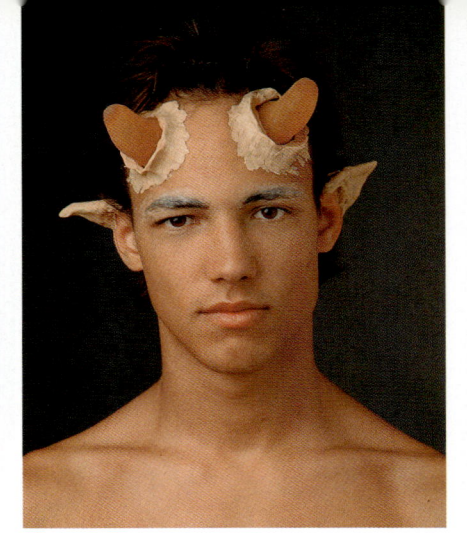

Die Ohren werden mit Nasenkitt verlängert, sie laufen spitz aus. Mit Nasenkitt werden auch die Ränder der Hörner umrandet und zum Rand hin ausgedünnt.

Ein dämonischer Teufel

Ein langes, schmales Gesicht und scharf geschnittene Gesichtszüge sind häufige Merkmale der Teufelsgestalt im Theater. Das dämonische Aussehen wurde hier durch Verwendung von roter und schwarzer Aquaschminke unterstrichen. Hörner und verlängerte Ohren sowie ein langer Ziegenbart am Kinn unterstreichen das Animalische im Teufel, der seit dem Mittelalter als Zwitter aus menschlicher und tierischer Gestalt dargestellt wird.

Das wird gebraucht

- Hörner aus Gummiplastik
- Strasssteine
- Mastix
- Nasenkitt
- Aquacolor weiß und rot
- Eyeliner schwarz
- Mascara
- Wollkrepp schwarz
- Haargel
- Colorhaarspray

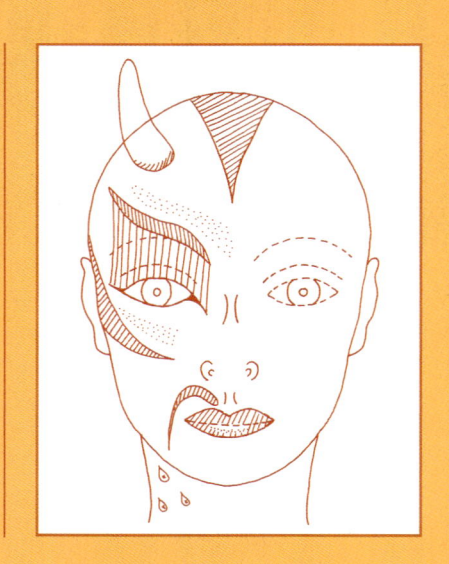

Weitere Gestaltungselemente

Als Kostüm wird eine schwarze ärmellose lange Jacke und ein Umhang aus Tüll mit Strasssteinen am Kragen auf nackter Haut getragen.

Gestaltungsvariante

Diese Maske eignet sich etwas abgewandelt für viele andere Rollen, z. B. mit Vampirzähnen als Dracula, ohne Hörner als Mephisto oder Dämonenkönig.

Masken aus Fantasy, Märchen und Musical

Grundieren Sie mit rotem Aquacolor das Gesicht und auch die Ohren, Hals, Brust und Arme.

Die Augen mit schwarzem Eyeliner umranden. Dabei den inneren Augenwinkel zur Nase hin verlängern. Die Wimpern tuschen Sie schwarz und das Oberlid bis hin zu den Augenbrauen schattieren Sie altrot.

Die Hörner mit Aquacolor weiß grundieren und nach dem Trocknen mit gemischten Braun- und Gelbtönen feine Striche aufbringen. Dabei die »Wurzel« dunkler halten und die Striche nach oben hin auslaufen lassen. Mit schwarzer Wasserschminke, Haaransatz und Koteletten in das Gesicht spitz zulaufend einmalen. Augenbrauen in einem schwachen Bogen von der Nasenwurzel bis weit in die Schläfen einmalen. Ebenfalls mit schwarzer Wasserschminke einen dünnen Oberlippenbart einmalen, der seitlich des Mundes in einem dünnen Ende ausläuft.

Den extrem dünnen langen Bart aus schwarzem, geglättetem Wollkrepp kleben Sie an der Kinnspitze mit Mastix fest.

Ein dämonischer Teufel

Der Mund wird mit einem schwarzen Dermatographen umrandet und anschließend mit schwarzer Schminke ausgemalt. Lichter in Weiß oder Gold auf die Unterlippe geben und etwas Goldpaste auf Stirn und Wangenknochen. Einige Strasssteine kleben Sie am Hals mit Mastix an. Haare hoch gelen und anschließend schwarz ansprühen.

Masken aus Fantasy, Märchen und Musical

95

Gudula, ungeschminkt.

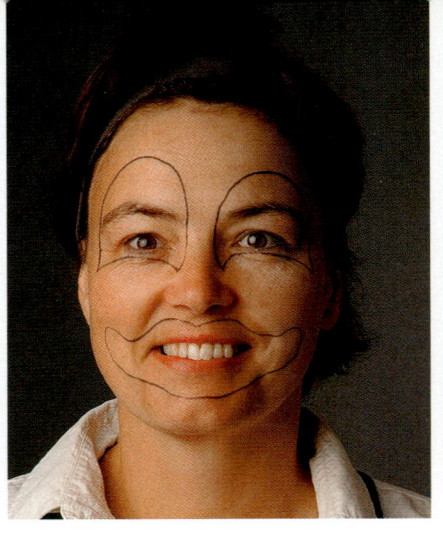

Umranden Sie die Augen- und Mundpartie, die von der Grundierung ausgespart bleiben soll, mit einem schwarzen Dermatographen.

Mit Clownweiß wird das gesamte Gesicht grundiert und anschließend gut abgepudert. Dabei werden die umrandeten Gebiete ausgespart. Ohren und Hals auslassen.

Ein hanswurstiger Clown

Clown-Masken gibt es als ganz unterschiedliche Typen (Harlekin, Weißclown, Dummer August). Hier sehen Sie einen fröhlichen Zirkusclown, einen »Dummen August« mit hochgezogenen Mundwinkeln und weit geöffneten Augen. Die Maske basiert auf einer mit Clownweiß stark deckenden Grundierung, durch die die anderen verwendeten Farben in ihrer Intensität verstärkt werden. Die Kleidung darf ruhig übertrieben fantasievoll sein.

Das wird gebraucht

- Clownweiß
- Dermatograph schwarz
- Fettschminke rot 303, blau 091
- Kajalstift schwarz
- Mascara schwarz
- Plastiknase
- Mastix
- Colorhaarspray rot

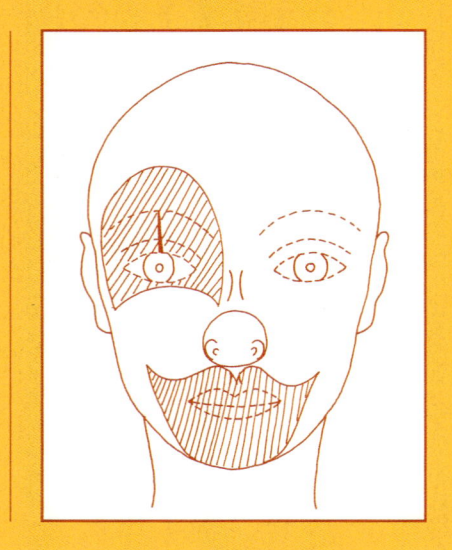

Weitere Gestaltungselemente

Das Dumme-August-Kostüm: bunt gestreifte Hose, weißes Hemd, Fliege aus Filz, grüne Hosenträger, kariertes Jackett und schwarzes Kapotthütchen.

Gestaltungselemente

Mit heruntergezogenen Mundwinkeln wird der lustige zum traurigen Clown. Die Knollennase wird dann einfach durch eine rot geschminkte Nasenspitze ersetzt.

Masken aus Fantasy, Märchen und Musical

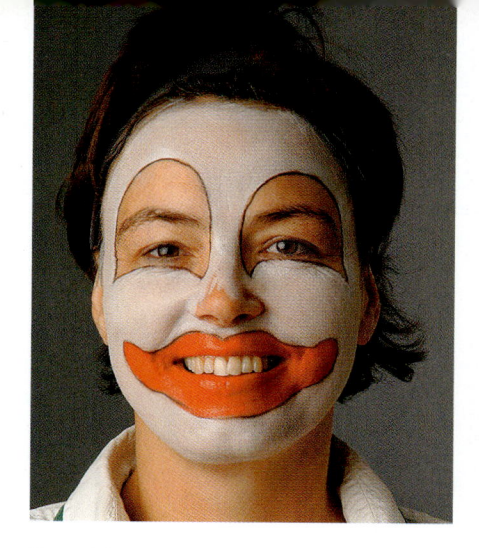

Den Mund nun innerhalb der vorgegebenen Kontur kräftig rot ausmalen. Auch hier anschließend gut abpudern.

Die Augen werden blau ausgemalt, mit schwarzem Kajal senkrechte Linien über das Auge gezeichnet und die Wimpern kräftig getuscht.

Kleben Sie die Clownsnase mit Mastix an und färben die Haare mit Colorhaarspray ein.

Ein hanswurstiger Clown

Heiko, ungeschminkt.

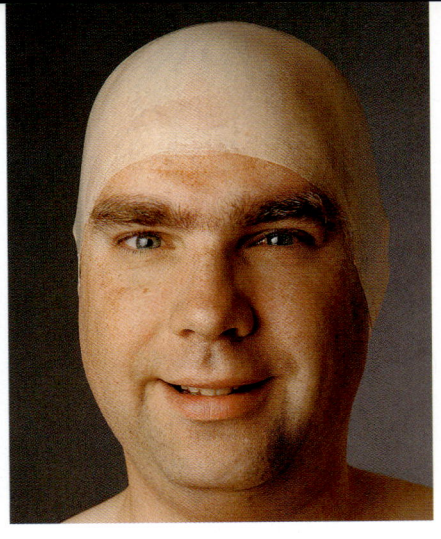

Glatze nach Anleitung aufsetzen (siehe Seite 37), mit Mastix festkleben und die Ränder mit Aceton ausdünnen.

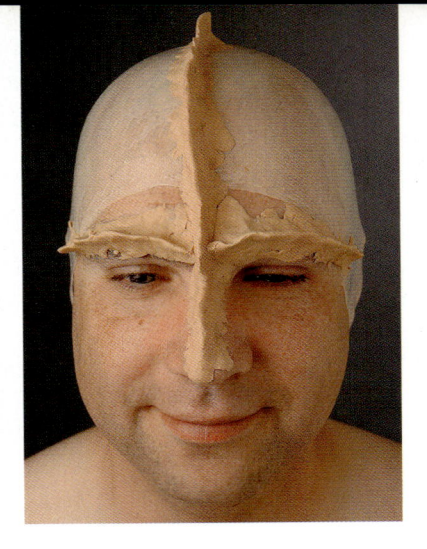

Mit Gesichtswasser den Nasenrücken fettfrei machen. Nasenkitt weich kneten, formen und als scharfkantige Erhebung mit Mastix auf der Glatze, dem Nasenrücken und auf den Augenbrauen formen (siehe Seite 38 f.).

Der blaue Alien

Wer weiß schon, wie die Außerirdischen wirklich aussehen? Hier mein ganz persönlicher Vorschlag eines blauen Marsmenschen. Lassen Sie ihrer Fantasie freien Lauf!

Das wird gebraucht

- Glatze
- Aquaschminke blau und türkis
- Nasenkitt
- Mastix
- Kajal weiß
- Mascara schwarz

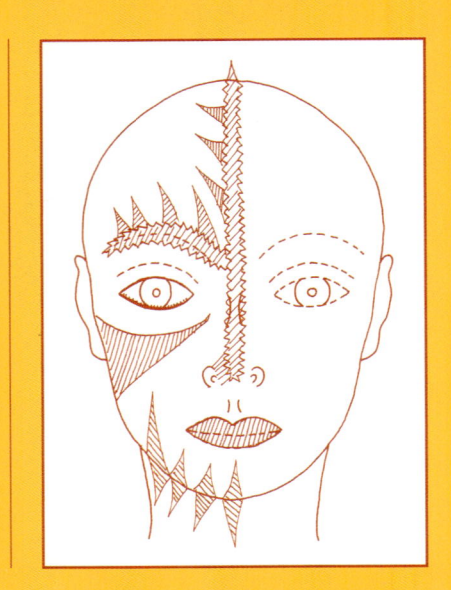

Weitere Gestaltungselemente

Das Weltraumfeeling wird verstärkt durch den hellblauen, metallischen Anzug, die Halskrempe aus Spiegelfolie und passende Armstulpe. Accessoire ist eine Spielzeugpistole.

Masken aus Fantasy, Märchen und Musical

Den Nasenkitt etwas befeuchten und mit Zellstoff abdecken (der Grund hierfür: Tipp Seite 39). Jetzt können Sie mit blauer Aquaschminke den gesamten Schädel grundieren. Hals und Hände nicht vergessen.

Mit türkisfarbener Aquaschminke Muster auch auf Mund und Hals malen.

Den unteren Innenrand des Lids mit weißem Kajal einfärben. Mit schwarzem Kajal das Auge stark umranden und die Wimpern schwarz tuschen.

Auch die Hände müssen Sie entsprechend grundieren und Muster aufmalen.

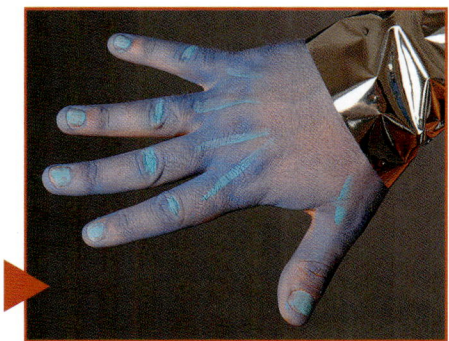

Der blaue Alien

Norbert, ungeschminkt.

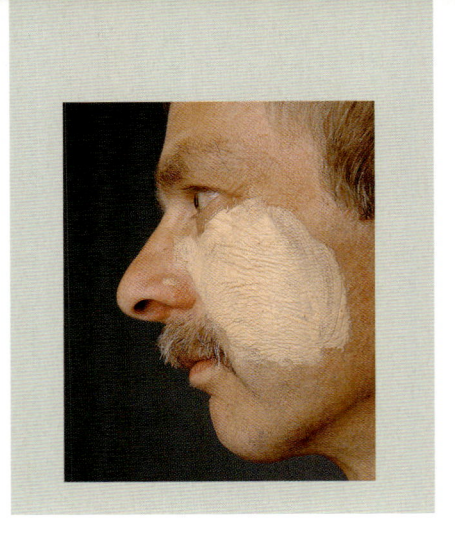

Mit Spezial-Gummimilch wird die faltige Haut im Wangenbereich angelegt (siehe Seite 46).

Die faltig angelegte Haut wird mit Spezialteint grundiert, die restlichen Gesichtspartien und der Hals mit normaler Fettschminke. Alles gut abpudern.

Merlin, der Zauberer

Zauberer stehen derzeit, dank Harry Potter und allen anderen Fantasygeschichten, hoch im Kurs. Dabei ist der älteste und echte Merlin, der am Hof des sagenhaften König Artus zu Hause war, der Zauberer, der nicht nur Zauberer, sondern auch als weiser Ratgeber fungierte. Kennzeichnend für Merlin ist sein hohes Alter und damit verbunden die Vorstellung langer Haare und eines ebensolchen Bartes. Die knitterige Haut wurde hier mit Hilfe einer Spezial-Gummimilch angefertigt.

Das wird gebraucht

- Spezial-Gummimilch
- Spezialteint 072
- Fettschminke 070, 072
- Dermatograph grau
- Kajal schwarz
- Mastix
- Wollkrepp grau
- Couperoseschwamm

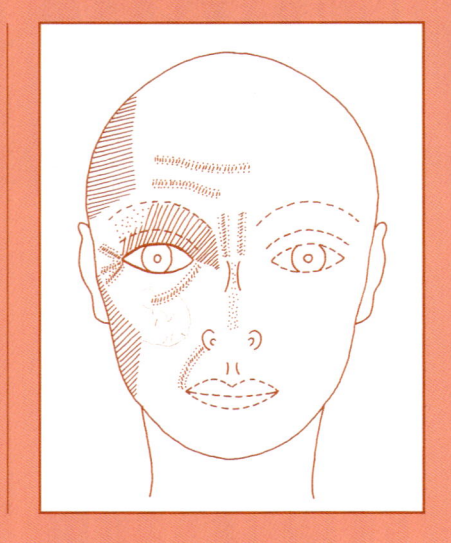

Weitere Gestaltungselemente

Merlin trägt einen einfachen, dunkelroten, langen Umhang, auf dem Kopf eine schwarze Kappe. In der Hand hält er seinen Zauberstab.

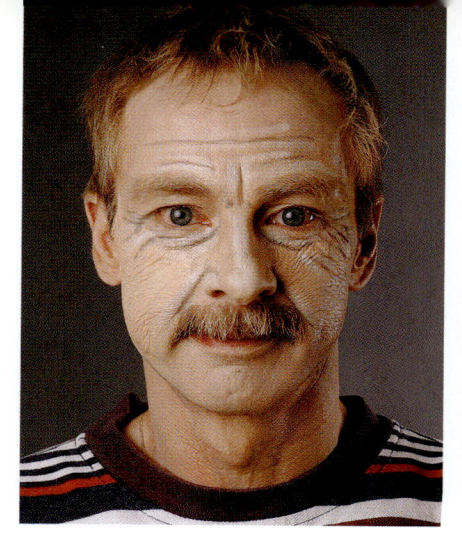

Mit der dunkleren Fettschminke legen Sie Falten an den Schläfen, der Stirn, der Nasenwurzel und den Augen sowie an Wangen, Kinn- und Halspartie an. Die hintere Wangenpartie und die Schläfen werden großzügig mit der gleichen Fettschminke abgedunkelt. Neben jede Schattenlinie mit einem Pinsel helle Lichter setzen. Die aufgesetzten Lichter mit der Grundierung und den Schattenlinien vorsichtig verwischen. Bei dieser Maske müssen Sie mehr von den Schattenlinien stehen lassen – das verstärkt die Faltenwirkung. Anschließend wieder gut abpudern.

Mastix auf Kinn und an den Rand des echten Schnauzbarts des Modells geben und den zugeschnittenen und geglätteten Wollkrepp ankleben. Die Couperose auf die Nase mit dem Couperoseschwamm und roter Fettschminke auftupfen.

Merlin, der Zauberer 101

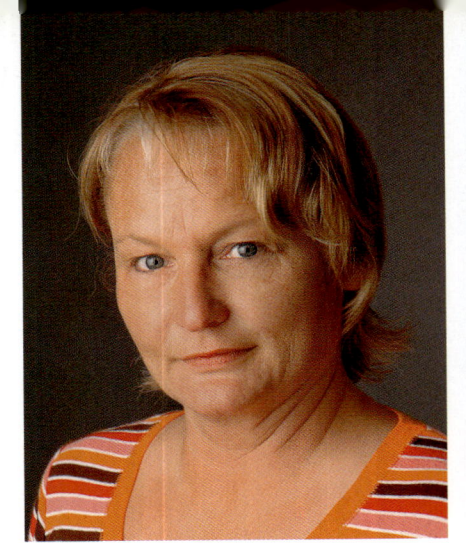

Brigitte, ungeschminkt.

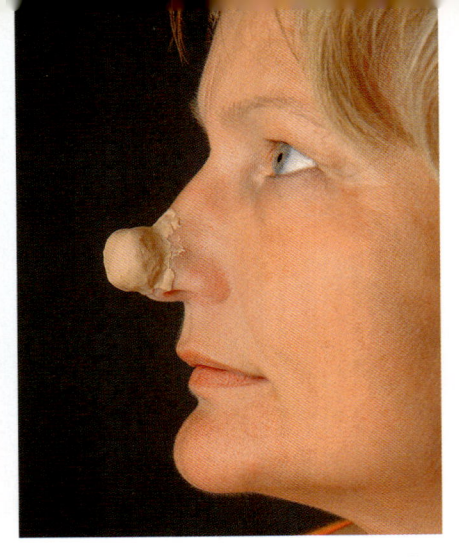

Die Nasenspitze mit Mastix und Nasenkitt nach der Anleitung Seite 39 anbringen.

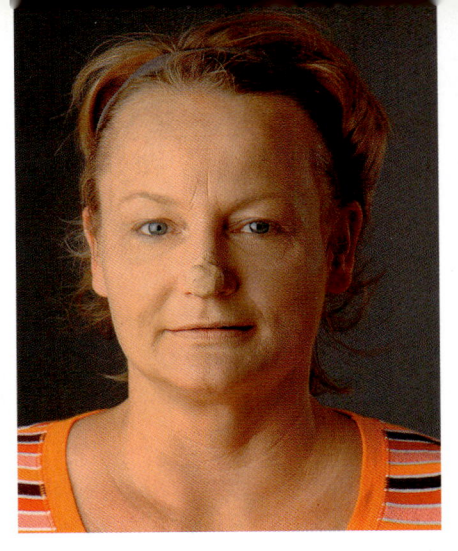

Gesicht und Hals grundieren und abpudern. Bei der Nase vorsichtig auftupfen.

Der Zwerg

Ob als traditionelle Märchengestalt oder im modernen Fantasy-Theater: Zwerge erfreuen sich immer großer Beliebtheit und der Typus lässt sich sowohl im Kostüm als auch in der Haartracht schnell verändern. Ob guter oder böser Zwerg – hier sind der Fantasie keine Grenzen gesetzt.

Das wird gebraucht

- Fettschminke FS 35/046/GG
- Nasenkitt
- Wollkrepp weiß
- Mastix
- Wangenrouge Youth red
- Lippenrouge LC 004
- Couperoseschwamm

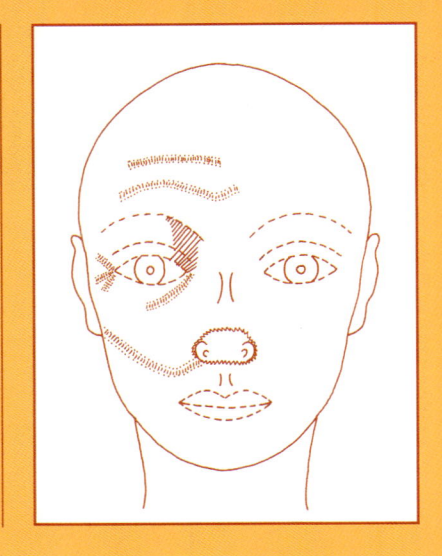

Weitere Gestaltungselemente

Mit einer Zipfelmütze auf dem Kopf, einem karierten Hemd und einer ärmellosen Jacke fühlt sich der Zwerg wohl.

Gestaltungsvariante

Mit einem anders geformten Schnauzbart, einer anderen Mütze und dem entsprechenden Kostüm machen Sie aus dem Zwerg ganz schnell den Nikolaus oder einen Weihnachtsmann.

Masken aus Fantasy, Märchen und Musical

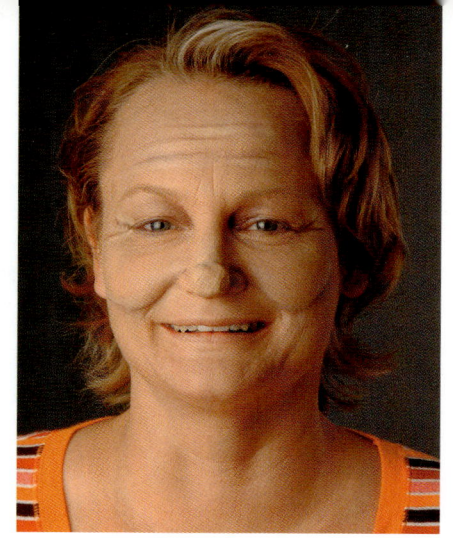

Die Falten und Hängebacken mit dunkler Fettschminke einzeichnen und auch die Augen bis zum inneren Augenwinkel dunkel schattieren. Die Falten hell absetzen, vorsichtig verwischen und gut abpudern.

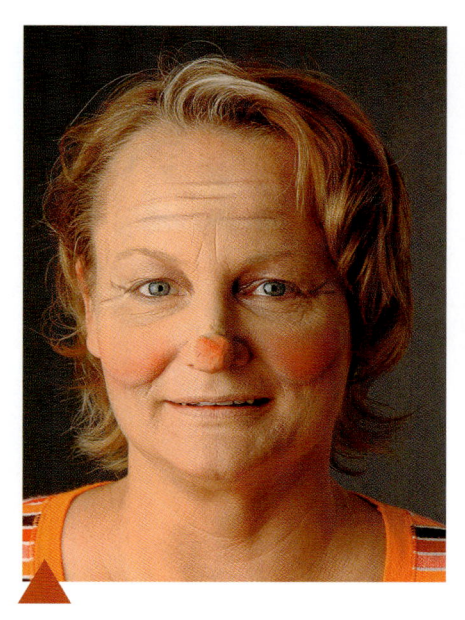

Wangenrouge großzügig auf Hängebacken und Nasenspitze mit einem Pinsel auftragen.

Kinn-, Wangen- und Schnauzbart mit Mastix und Wollkrepp anbringen. Die Enden des Schnauzbartes zwirbeln. Mit einem Couperoseschwamm vorsichtig und sparsam dunkelrote Fettschminke auftupfen. Mit Wimpernkleber die Spitzen des Schnauzbartes an der Wange ankleben – die Hände alt schminken (siehe Seite 47).

Der Zwerg 103

Beatrice, ungeschminkt.

Das Gesicht wird gelb grundiert und um die Nase und am Kinn weiß aufgehellt.

Mit einem Pinsel Streifen in Rotbraun, Schwarz und Weiß vom Haaransatz, von den Schläfen und vom Kinnrand aus spitz zulaufend in das Gesicht einmalen.

Die Katze aus »Cats«

Spätestens mit dem Erfolg des Musicals »Cats«, haben auch Tiere die Theaterbühne erobert. Katzen lassen sich in allen erdenklichen Farben und Schattierungen schminken. Ihnen gemeinsam ist jedoch die Form der Augen und der Nasen-Mund-Bereich. Damit dieser optisch stärker erscheint, muss er sehr hell, fast weiß geschminkt sein. Sie können den Eindruck einer spitz zulaufenden Schnauze unterstreichen, wenn Sie keilförmig Streifen vom Hals-, Stirn- und Schläfenbereich in die Gesichtsmitte zulaufen lassen.

Das wird gebraucht

- Fettschminke 079/070/071/014
- Eyeliner schwarz
- Dermatograph schwarz
- Colorhaarspray orange, gelb und schwarz
- Katzenohren

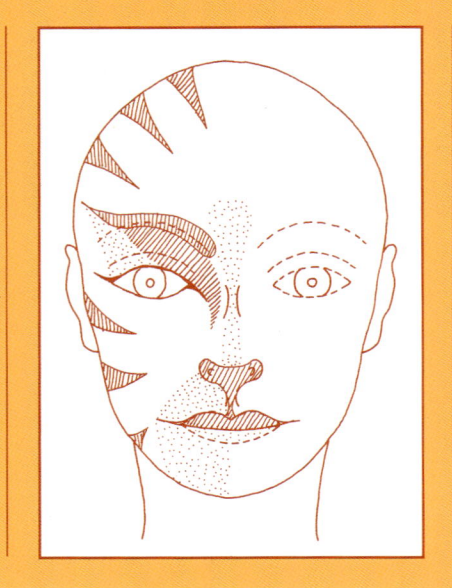

Weitere Gestaltungselemente

Das Katzenkostüm ist ein Anzug aus Fellimitat, dazu Katzenohren ins Haar gesteckt (Faschingsartikel). Selbst gemacht: Ein Stück Stoff mit der passenden Musterung rautenförmig zuschneiden, in der Mitte zum Dreieck falten, zusammennähen und ins Haar klemmen.

Gestaltungselemente

Wenn Sie Flecken statt Streifen ins Gesicht malen, wird aus dem Kätzchen schnell ein gefährlicher Jaguar.

Masken aus Fantasy, Märchen und Musical

Die Katze aus »Cats« 105

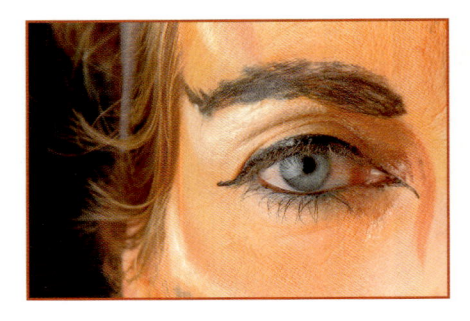

Die Augenbrauen mit einem schwarzen Dermatographen nachziehen und in einem Bogen über das äußere Ende nach oben hin auslaufen lassen. Lidstriche auf den oberen Augenlidern ziehen, dabei den Strich über den äußeren Augenwinkel leicht nach oben hin auslaufen lassen. Den inneren Rand des unteren Augenlids mit Kajal schwärzen. Den Innenwinkel des Oberlids malen Sie bis zur Nasenwurzel mit braunroter Schminke aus, die Sie in einem spitzen Winkel an der Nase auslaufen lassen.

Den Bereich zwischen Nase und Oberlippe bis zur Nasolabialfalte malen Sie kräftig weiß aus. Die Oberlippe schwärzen und über die Mundwinkel hinaus als schmalen schwarzen Streifen auslaufen lassen. Die Nasenspitze rund um die Nasenlöcher ebenfalls schwärzen und Nase und Oberlippe durch einen breit angelegten schwarzen Strich miteinander verbinden.

Die Haare toupieren und mit Haarspray vom Kopf weg frisieren. Mit Colorspray einfärben (siehe Seite 31).

Die Ohren mit Klemmen feststecken. Die Hände mit Streifen wie im Gesicht einschminken, Fingernägel schwärzen oder Kunststoffnägel aufsetzen.

Masken aus Fantasy, Märchen und Musical

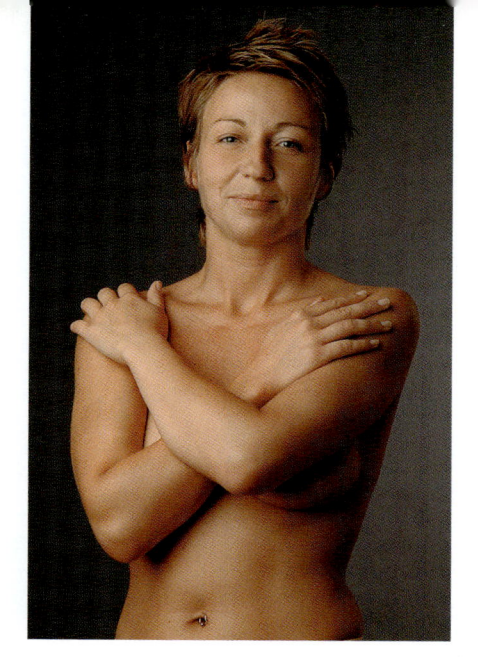

Mit einem feuchten Schwamm und Aquaschminke den gesamten Körper und das Gesicht grün grundieren. Gegebenenfalls nach dem Trocknen nochmals wiederholen. Vom Bauchnabel aus sternförmig rote Schlangenlinien bis hoch zum Kinn einmalen, dabei die Arme mit den Händen sowie Beine und Rücken mit einbeziehen.

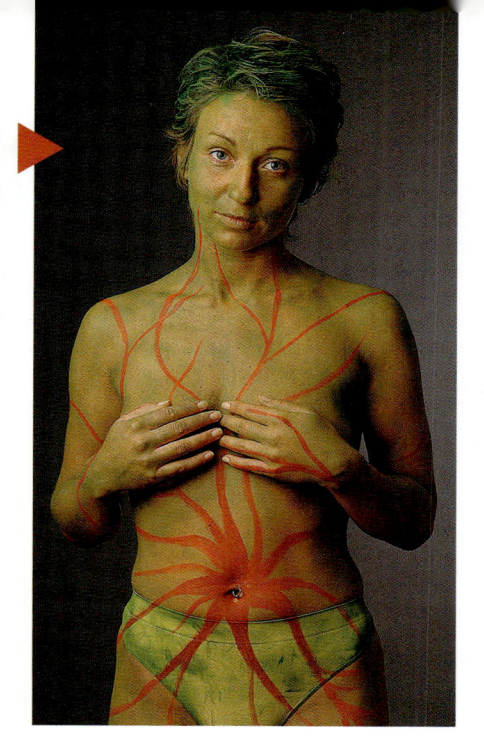

Agnes, ungeschminkt.

Bodypainting-Waldfee

Die Ganzkörpermalerei, das sog. Bodypainting, erfreut sich bei uns immer größerer Beliebtheit. Ganze Meisterschaften werden darin ausgetragen.

Feen und Elfen werden in der Mythologie und Sage als erdnahe weibliche Wesen beschrieben – mal gut, mal böse. Was liegt also näher, als den weiblichen Körper durch Schminken als »Ganzkörpermaske« in eine Naturform zu verwandeln.

Für das Einschminken des ganzen Körpers brauchen Sie viel Farbe und auch viel Zeit. Aquaschminke lässt sich mit einem Pinsel gut auftragen und verwischt nicht so leicht. Allerdings ist sie nicht so farbintensiv wie Fettschminke, so dass sie in mehreren Lagen aufgetragen werden muss. Hier meine ganz persönliche Vorstellung einer Waldfee.

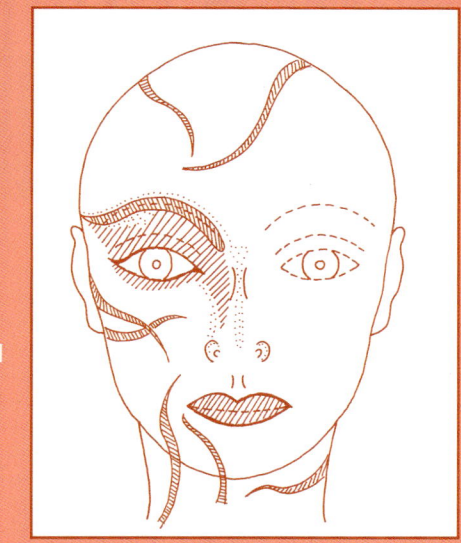

Das wird gebraucht
- Aquaschminke grün, gelb, rot und gold
- Eyeliner schwarz
- Künstliche Wimpern
- Wimpernkleber
- Mascara schwarz

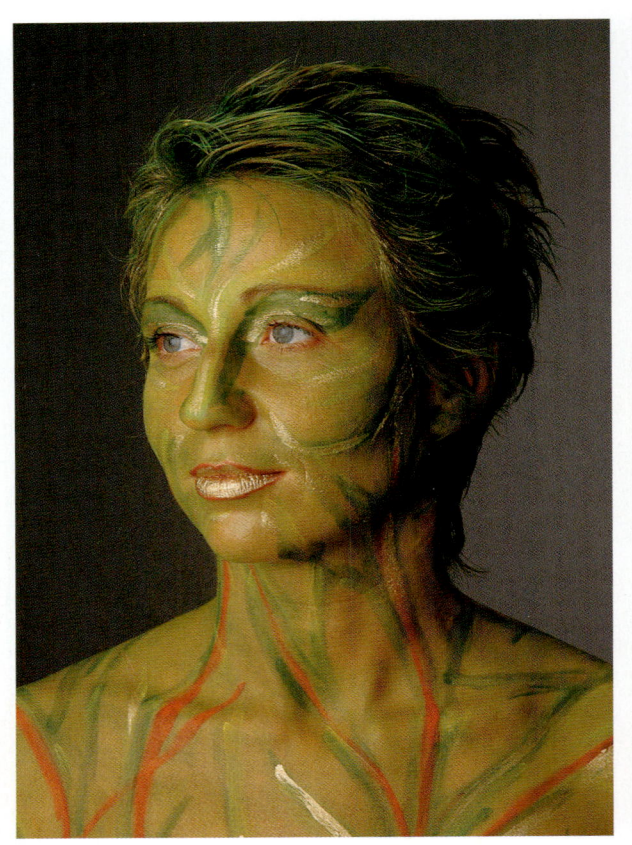

Die Augenlider katzenförmig einschminken. Im Gesicht den Nasenrücken, Wangen und den Augenbrauenbogen mit der gelben Aquaschminke aufhellen. Den Mund mit einem feinen Pinsel rot umranden, mit Gold ausmalen und vom Gesichtsrand nach innen hin feine goldene Streifen einmalen. Den Nasenrücken mit der gleichen Farbe stärker akzentuieren.

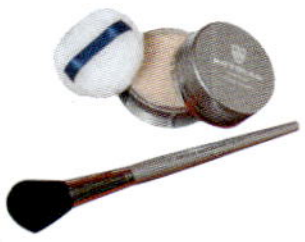

Neben die roten Streifen grüne setzen, auch gelbe aufmalen. Mit Gold auf dem gesamten Körper Akzente setzen, besonders rund um die »Bauchnabelsonne«.

Masken aus Fantasy, Märchen und Musical

Die Augenbrauen mit Rot nachziehen. Wimpern mit Wimpernkleber ankleben und schwarz tuschen. Mit Eyeliner die Augen schwarz umranden. Die Haare mit roter, grüner und gelber Aquaschminke einfärben.

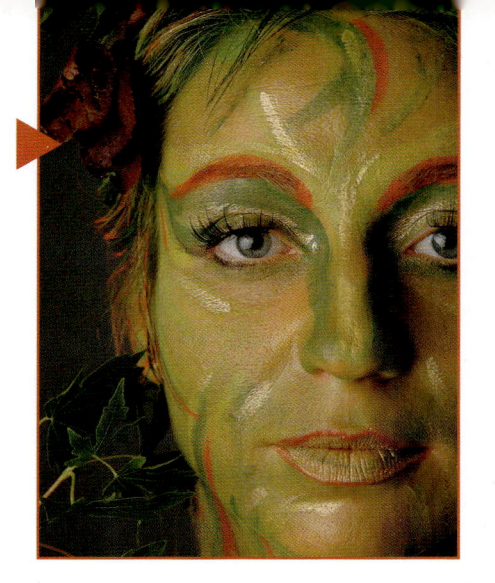

Monja, ungeschminkt.

Zuerst wieder die Augenbrauen wegseifen (siehe Seite 27) und Gesicht und Hals grundieren. Anschließend abpudern.

Mit einem schwarzen Dermatographen oberhalb der natürlichen Augenbrauen deren neue Form vorzeichnen und mit einem Pinsel und Fettschminke mit einem Schwung nach oben wie im Foto aufmalen. Künstliche Wimpern ankleben und anschließend vorsichtig mit Mascara tuschen.

Die Königin der Nacht

Die Königin der Nacht ist eine Gestalt aus Mozarts berühmter Oper »Die Zauberflöte«. Sie ist die schöne und geheimnisvolle Sternenkönigin und gleichzeitig die schreckliche Herrscherin der Nacht, deren dämonische Macht die Tiermenschen in Angst und Schrecken versetzt. Merkmale der Königin der Nacht sind eine freie Stirn, hoch angesetzte Augenbrauen, stark und dunkel geschminkte Augen und ein Mund in kühlen blau-violetten Farben. Um diesen Effekt noch zu verstärken, wurde an einigen markanten Stellen silberfarbener Glitter aufgelegt.

Das wird gebraucht

- Seife
- Fettschminke GG, brombeerfarben und schwarz
- Dermatograph schwarz
- Künstliche Wimpern
- Mascara schwarz
- Lidschatten TV blue, aubergine und marble
- Puderrouge
- Glitter

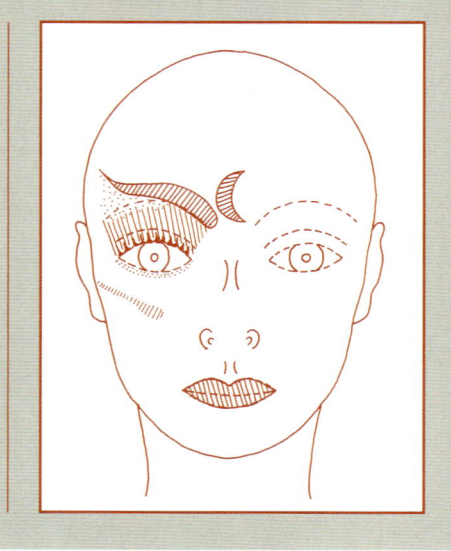

Weitere Gestaltungselemente

Die Königin der Nacht ist mit einem bodenlangen, schwarzen Kleid, bestickt mit Perlen und Pailletten bekleidet. Die Haare sind hochgesteckt und mit einem drahtverstärkten Samtband mit angehefteten Dekosternen umschlungen.

Masken aus Fantasy, Märchen und Musical

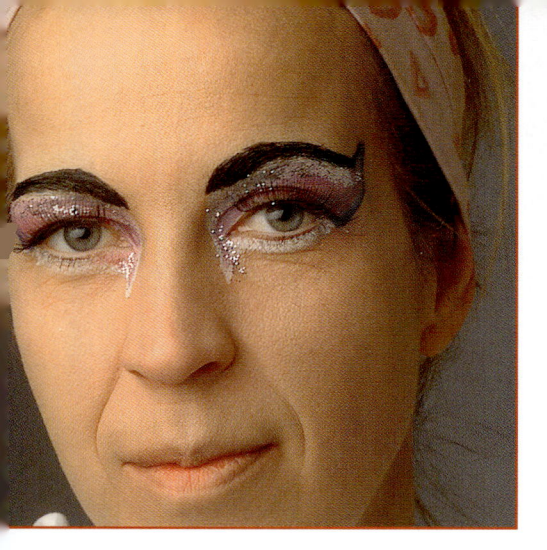

Auf das Oberlid blauen, in die Lidfalte brombeerfarbenen Lidschatten legen. Beide Farben vorsichtig ineinander reiben. Unterhalb der Augenbraue und unterhalb des unteren Lides weißen Lidschatten auflegen, dabei am inneren Augenwinkel zur Nase hin nach unten auslaufen lassen. Darauf vorsichtig etwas Glitter verteilen.

Abschließend etwas bläuliches Wangenrouge unterhalb des Jochbeines auftragen.

Den Mund mit einem schwarzen Dermatographen umranden und mit dunkelvioletter Fettschminke ausmalen. Auf die Stirn zeichnen Sie einen Mond, der mit brombeerfarbener Schminke ausgemalt wird, darauf etwas Glitter.

Die Königin der Nacht

Sabine, ungeschminkt

Aus Nasenkitt wird eine lange Nase und eine dicke Warze für das Kinn modelliert und mit Mastix angeklebt (siehe Seite 39).

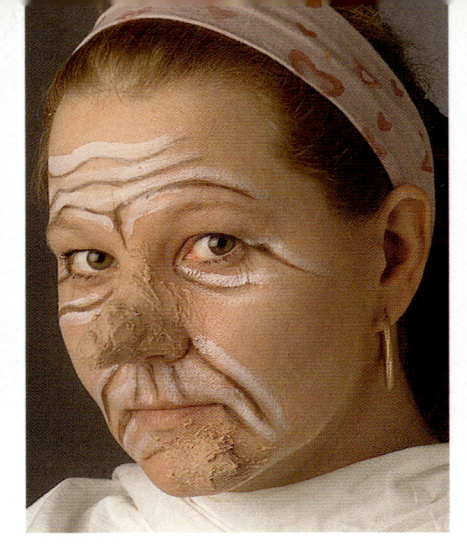

Die Falten mit dem Dermatographen einzeichnen und auch die Augen bis zum inneren Augenwinkel dunkel schattieren. Setzen Sie die Faltenlinien hell ab.

Die böse Hexe

Hexen sind Frauen, die aus vielen Märchen als böse, unheimliche und Angst einflößende Gestalten bekannt sind. Im Mittelalter war die Hexe eine zu Unrecht Gejagte, die mit ihrem heilkundigen Wissen vielen Menschen geholfen hat. Zu Karneval und Fasching ist die Hexe eine der beliebtesten Verkleidungen, ganz besonders in der alemannischen Fastnacht.

Die Hexe zeichnet sich durch eine lange Nase, Warzen, übertrieben buschige Augenbrauen, lange verfilzte Haare und ein altes und finsteres Gesicht aus. Der Teint tendiert ins Grünliche. Auf eine Grundierung kann hier verzichtet werden, da ein unregelmäßiger Teint der Maske dienlich ist. Stattdessen wird grünliche Fettschminke auf den Wangenbereich aufgetragen.

Das wird gebraucht

- Fettschminke DG, 512, 082
- Dermatograph braun und schwarz
- Nasenkitt
- Mastix
- Wollkrepp
- Couperoseschwamm

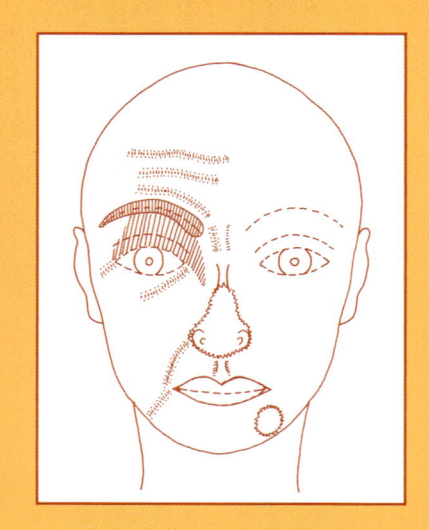

Weitere Gestaltungselemente

Das Kostüm besteht aus einem grünen Oberteil, schwarzem Rock und schwarzem Umhang. Dazu Stiefel. Die langen Haare sind durch ein Kopftuch gebändigt. Das Kostüm wird mit einem Reisigbesen perfekt.

Masken aus Fantasy, Märchen und Musical

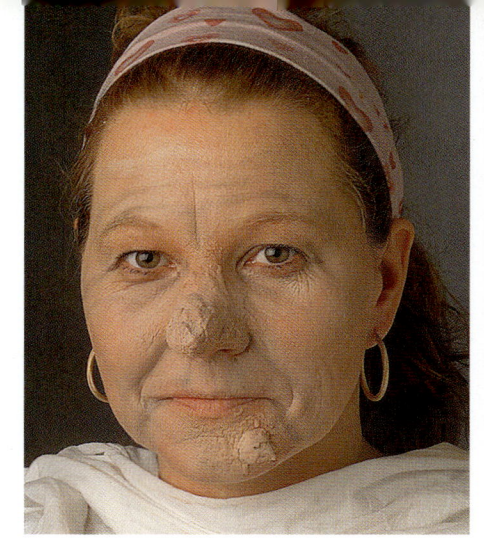

Helle und dunkle Partien vorsichtig ineinander wischen.

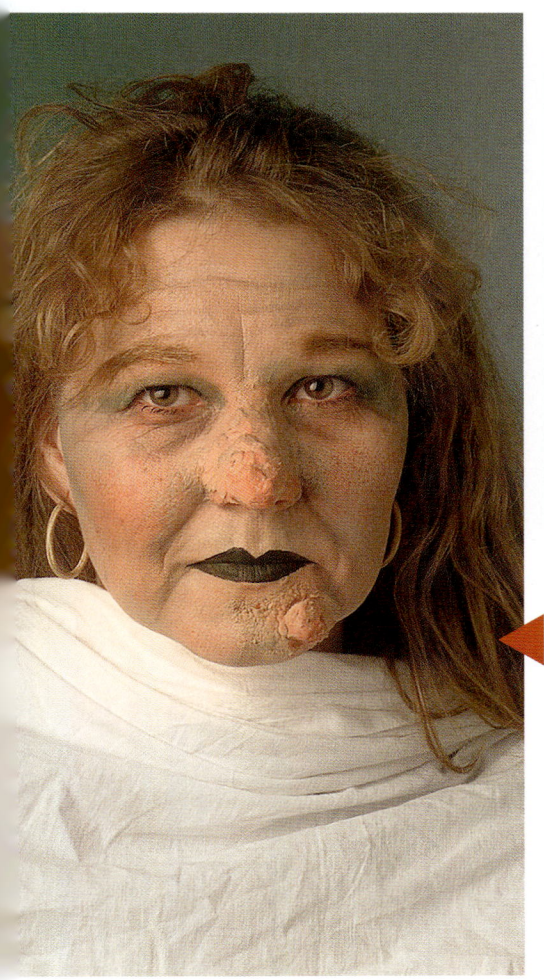

Ziehen Sie die Augenbrauen nach. Die Augen bis zum inneren Augenwinkel dunkel schattieren. Mit Mastix ein paar geglättete Büschel Wollkrepp draufkleben. Auf die oberen Augenlider grünen Lidschatten und etwas grüne Fettschminke im Wangenbereich auftragen. Die Lippen werden mit dem schwarzen Dermatographen umrandet und mit grüner Fettschminke ausgemalt. Mit einem Couperoseschwamm vorsichtig und sparsam dunkelrote Fettschminke auf die Nase und die Warze auftupfen.

Die böse Hexe

Karsten, ungeschminkt.

Grundierung auflegen und gut abpudern. Die Augenbrauen mit dem schwarzen Dermatographen nachziehen und künstliche Wimpern ankleben. Mit Mascara schwarz tuschen.

Die Drag Queen

Drag Queens, das sind Männer, die sich gerne als Frauen verkleiden. Man trifft sie in speziellen Kneipen oder Diskotheken. Man kennt sie auch als Comedian-Stars aus dem Fernsehen und Filmen wie »Meine Tante Charlie«, »Manche mögen's heiß« oder »Ein Käfig voller Narren«. Drag Queens zeichnen sich durch extrovertiertes weibliches Gehabe sowie durch schrille und übertriebene Frauenkleidung aus. Sie tragen gern auffällige Kleider mit Federboas, aufgebauschten Perücken und ein glamouröses Make-up mit extrem langen Wimpern zur Schau.

Das wird gebraucht

- Fettschminke GG
- Dermatograph schwarz und rot
- Künstliche Wimpern
- Lippenrouge
- Lipgloss
- Wangenrouge
- Glitter
- Mascara schwarz

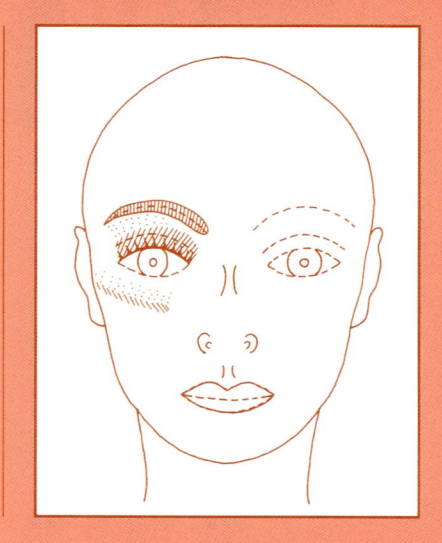

Weitere Gestaltungselemente

Diese Drag Queen ist mit schwarzen Netzstrümpfen, einem Minirock und einem mit Kunstpelz besetzten Oberteil bekleidet, darunter ein BH, der mit Papier ausgestopft wurde. Die Perücke besteht aus Engelshaar, die kupferfarben getönt wurde.

Travestie-Masken

◀ Auf das Oberlid hellblauen und in die Lidfalte blauen Lidschatten geben. Die Lippen mit dem roten Dermatographen umranden und mit Lippenfarbe ausmalen. Anschließend Lipgloss auflegen. Wangenrouge und Glitter auftragen.

Tipp

Vor der Grundierung sauber rasieren. Am besten etwa eine halbe Stunde vorher, damit die Haut nicht mehr so stark gereizt ist. Tragen Sie die Grundierung im Bereich des Bartwuchses ruhig etwas dicker auf.

Die Drag Queen

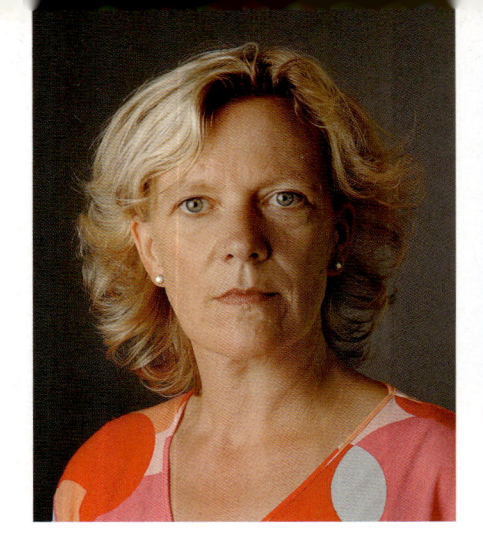

Ute, ungeschminkt. 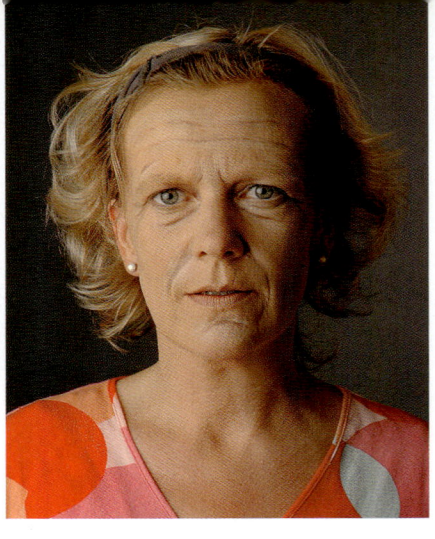   Grundieren und gut abpudern.

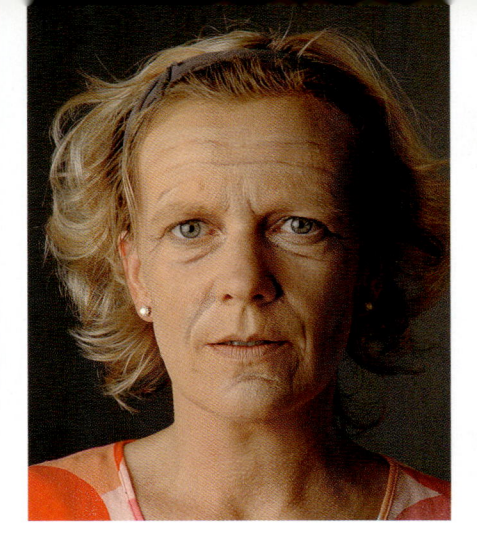

Eine Frau wird Mann

Die Palette der Möglichkeiten eine Frau in einen Mann umzuwandeln, ist unendlich groß und abhängig von der Rolle, die gespielt werden soll und den anatomischen Gegebenheiten eines jeden Schauspieles. Das Gesicht eines Mannes ist meistens sehr viel kantiger als das einer Frau. Daher sollten besonders der Bereich der Wangenknochen und der Augenbrauenbogen betont werden. Bei Masken dieser Art gilt jedoch, dass sie echter wirken, wenn der Bartwuchs deutlich ist. Notfalls muss ein Bart angeklebt werden.

Das wird gebraucht

- Fettschminke ELO, OP
- Dermatograph braun und grau
- Oberlippenbart
- Mastix

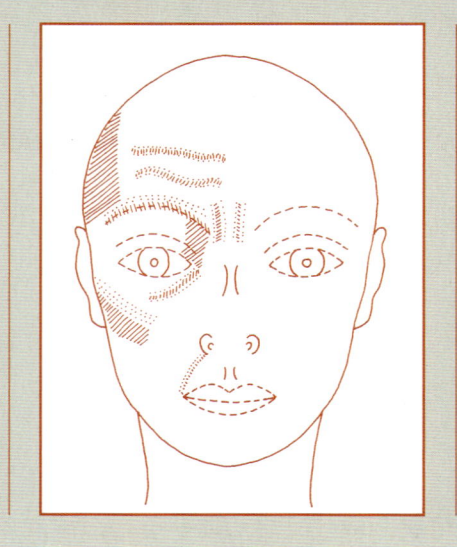

Weitere Gestaltungselemente

Schlichter Auftritt: weißes Hemd, Krawatte und Anzug. Die Haare werden gescheitelt und mit Gel zurückgekämmt.

Travestie-Masken

◀ Die Falten mit einem Dermatographen einzeichnen und daneben Lichter setzen. Vorsichtig ineinander verwischen. Die Schläfen, Wangengruben und die inneren Augenwinkel abschattieren. Die Wangenknochen sowie die Augenbrauenbogen stark aufhellen.

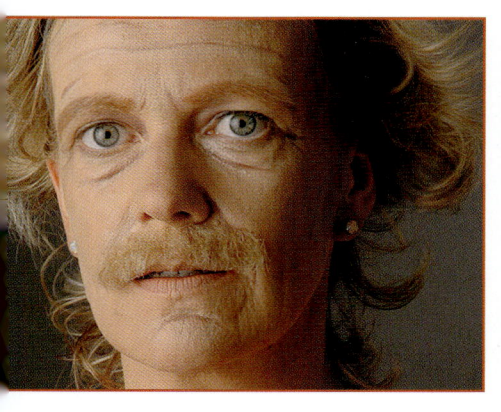

Die Augenbrauen nachziehen und etwas betonen. Jetzt den Oberlippenbart mit Mastix ankleben.

◀ Mit einem Gummiporenschwamm und etwas Fettschminke wird ein Drei-Tage-Bart im Backen-, Kinn- und Halsbereich aufgetupft.

Eine Frau wird Mann

Sachregister

Abpudern 20
Abschattierung 19 (Bild)
Abschminkhelfer 9
Afrikanerin 56
Ägypterin 74
Ägypterin, Augen verändern 26
Ägypterin, Augenbrauen formen 27
Alien 98
Altern 44 ff.
Altersfalten 19 (Bild)
Altersschminken 25
Anatomie, Hand 15
Anatomie, Schädel 14
Applikator 12 (Bild)
Aquaschminke 11
Araber 62
Araber, Augen verändern 26
Arbeitsplatz 7
Asiatin 60
Asiatin, Augen verändern 26
Augen verändern, Ägypterin 26
Augen verändern, Araber 26
Augen verändern, Asiatin 26
Augen verändern, Charleston-Lady 26
Augen verändern, Frau aus den 1940er Jahren 26
Augen verändern, Frau aus den 1960er Jahren 26
Augen verändern, Inderin 26
Augenbrauen formen 21, 27
Augenbrauen, Ägypterin 27
Augenbrauen, Teufel 27
Augenlider, asiatisch 27
Augen-Make-up 12, 21
Augen-Wimpernbürstchen 12 (Bild)

Backenbart 69
Barockdame 80
Barockherr 82
Bärte anfertigen 33 ff.
Bärte, Beispiele in Bildern 63, 93, 101, 103

Beleuchtungswirkung 17, 18
Benediktinermönch 64
Bettler 66
Blusher-Pinsel 13 (Bild)
Bodypainting 11, 107
Bräunen 56
Bürsten 9

Cake-Make-Up 11
Cats 104
Charleston-Lady 86
Charleston-Lady, Augen verändern 26
Clochard 66
Clown 96
Couperose 8, 25, 101

Dermatographen 12
Drag Queen 114

Eyeliner 12

Fächerpinsel 8
Falten schminken 51, 53, 54, 62
Faltenverläufe 44 ff.
Farben, allgemein 16
Farben, beim Schminken 17
Farbkreis 16
Fettschminke 10
Filterlicht 17
Frau aus den 1940er Jahren 88
Frau aus den 1960er Jahren 90
Frau wird Mann 116
Frau, 50-jährig 50
Frau, 75-jährig 52

Gesicht, älter schminken 44, 51, 53
Gesicht, eingefallenes, voller schminken 24
Gesicht, schmaler schminken 24
Glamour-Frau 90
Glatzen 36, 65, 68, 98
Griechin 77

Grundieren 20
Grundiermaterial 10 ff.
Gummimilch 46
Gummiplastiken, Grundierung 11
Gummiporenschwämme 8

Haare färben 31
Haare, graue 31
Haarkranz 65 (Bild), 69
Haarmascara 31
Haarspray 31
Haarteile 30
Hals, älter schminken 46
Hand, Anatomie 15
Hände, älter schminken 47
Hautfalten 19 (Bild)
Hautfarbe 17, 118 (Bilder)
Hexe 112
Hollywood-Schönheit 88
Hörner 38, 92, 93

Inderin 58
Inderin, Augen verändern 26

Kajal 12
Kämme 9
Katze 104
Kinderschminke 11
Kompaktschminke 11
Königin der Nacht 110
Künstliche Teile 38 ff.
Kupplerin 81

Lichtwirkung 17
Lidschatten 12
Lidschatten auftragen 22
Lidstrich, ziehen 22
Lippen-Make-up 13, 23

Macho 70
Mafioso 70
Mann, 50-jährig 54

Mascara 12
Medizin-Professor 68
Merlin 100
Mönch 64
Mund, älter schminken 45
Mund, verändern 29

Narben 42
Nase, künstliche 39
Nase, schattieren 28
Nasenkitt 11, 99
Nasenstöpsel einsetzen 28, 57, 73
Nasolabialfalten 44, 19 (Bild)
Nassschminke 11
Neandertaler 72

Ohren verlängern 92 (Bild)
Ordnungshelfer 9

Perücken 30, 32
Pinsel 8
Plastische Massen 39 ff.
Professor 68
Puderpinsel 8

Ritter 78
Römerin 76

Schädel, Anatomie 14
Schattenwirkung 17, 19
Schattieren, Nase 28
Schattiermaterial 12
Schminke, gelartig 11
Schminkmaterialien 10
Schminkpinsel 8
Schminkplan 48
Schminkprobe 20
Schminkregeln, Goldene 24
Schminkskizze, Legende 48
Schminktechniken 20 ff.
Schnauzbart 55, 69, 71, 79, 117 (Bilder)
Schnittwunden 40
Schönheitsfleck 80, 82
Schürfwunden 41
Schusswunden 41
Schwämme 8
Spezialteint 11
Stoppelbart 35, 67
Stoppelschwämme 8

Sunglaze 56

Teufel 92
Teufel, Augenbrauen formen 27
Trockenrouge 13 (Bild)

Urmensch 72

Verbrennungen 43

Wange schminken 25
Wange, hohle, schminken 25
Wangen-Make-up 13, 23
Wangenrouge 13
Wimpern tuschen 21
Wimpern, künstliche 12 (Bild), 30
Wimpernformer 12 (Bild)
Wimperntusche 12
Wölbungseffekt 19 (Bild)
Wunden 40 ff.

Zähne verändern 29, 67 (Bild)
Zauberer 100
Zwerg 101

KURZBIOGRAFIE DER AUTORIN

Antje Wilkening, M.A., Kunsthistorikerin, lebt und arbeitet in Bad Segeberg als freischaffende Künstlerin.

Seit einigen Jahren begleitet Antje Wilkening als künstlerische Beraterin größere Kindermusicalproduktionen und Theaterprojekte. Die enge Zusammenarbeit mit dem Laientheaterbereich verlangt nicht nur Bühnenbild- und Kostümarbeit, sondern auch die Auseinandersetzung mit dem Anfertigen und Schminken von Theatermasken.

Darüber hinaus schreibt sie seit fünf Jahren für verschiedene Verlage Bücher im Kreativbereich sowie gibt Kunstkurse und -workshops für Kinder und Jugendliche aller Altersstufen. Ihre praktischen und pädagogischen Fähigkeiten hat die Autorin durch eine zweijährige Zusatzqualifikation als Jugendkunstschulleiterin verfestigt.

DANKSAGUNG

Ich danke vor allem meiner Familie für die Geduld, die sie während der Erstellung des Buches mit mir hatte, an erster Stelle meinem Mann Karsten.

Ein besonderer Dank geht an alle Modelle, die mit viel Spaß, Zeit und Engagement zum Gelingen dieses Buches beigetragen haben. An Kerstin Hagge, die nicht nur wunderschöne Fotos gemacht hat, sondern auch so manche Idee hinsichtlich der Kostüme und Requisiten hatte und mit großem persönlichen Engagement für eine gute Zusammenarbeit zwischen Modellen, Maskenbildnerin und Fotografin sorgte.

Nicht nur als Modelle, sondern auch mit eigenen Kostümen und fachlich kompetenten Anregungen konnten mir Sabine Waitzbauer und Andreas Dössel von »La Societé Baroque« helfen. An dieser Stelle auch ihnen noch einmal ein besonderer und herzlicher Dank.

Für die Bereitstellung von Kostümen und Beratung bedanke ich mich beim Theater Pur in Norderstedt, namentlich bei Silke Ahrens-Rapude und der Theaterpädagogik der Jugendbildungsstätte Mühle in Bad Segeberg, namentlich bei Sabine Lück.

Ein besonderer Dank geht an die Firma *Kryolan*, insbesondere an Herrn Langer, der dieses Buchprojekt durch das großzügige Zurverfügungstellen von Schminkmaterialien unterstützt hat.

Alle Farbangaben sowie die gekennzeichneten Materialien beziehen sich auf die von der Firma *Kryolan* hergestellten Produkte, die freundlicherweise mit ihren Schminkprodukten dieses Buch unterstützt hat.

Das Fehlen registrierter Warenzeichen und Gebrauchsmuster schließt nicht aus, dass nicht gekennzeichnete Marken, Namen und Begriffe frei sind oder frei verwendet werden dürfen.

IMPRESSUM

Bibliografische Information
Der Deutschen Bibliothek
Die Deutsche Bibliothek verzeichnet diese Publikation in der Deutschen Nationalbibliografie; detaillierte bibliografische Daten sind im Internet über http://dnb.ddb.de abrufbar.

Das Werk einschließlich aller seiner Teile ist urheberrechtlich geschützt. Jede Verwertung außerhalb des Urhebergesetzes ist ohne Zustimmung des Verlages unzulässig und strafbar. Das gilt insbesondere für Vervielfältigungen, Übersetzungen, Mikroverfilmungen und die Einspeicherung in elektronische Systeme.

Es ist deshalb nicht gestattet, Abbildungen dieses Buches zu scannen, in PCs oder auf CDs zu speichern oder zu verändern oder einzeln und zusammen mit anderen Bildvorlagen zu manipulieren, es sei denn mit schriftlicher Genehmigung des Verlages.

Die im Buch veröffentlichten Ratschläge wurden von Verfasserin und Verlag sorgfältig erarbeitet und geprüft. Eine Garantie kann dennoch nicht übernommen werden. Ebenso ist die Haftung der Verfasserin bzw. des Verlages und seiner Beauftragten für Personen-, Sach- und Vermögensschäden ausgeschlossen.

Die Nutzung der Schminkvorschläge und der weiteren Gestaltungsideen ist für private und öffentliche Theateraufführungen frei. Jede andere gewerbliche Nutzung der Arbeiten und Entwürfe ist nur mit Genehmigung von Verfasserin und Verlag gestattet.

© 2006 Knaur Ratgeber Verlage
Ein Unternehmen der Droemerschen Verlagsanstalt Th. Knaur Nachf. GmbH & Co. KG, München

Umschlagkonzeption:
ZERO Werbeagentur, München
Umschlaglayout und -herstellung:
Daniela Meyer
Fotografie: Kerstin Hagge, Bad Segeberg
Umschlagfoto: Kerstin Hagge,
Bad Segeberg

Projektleitung: Annett Katrin Graf
Lektorat: Manfred Braun, Augsburg

Herstellung: Hartmut Czauderna

Reproduktion: Repro Ludwig GmbH, Zell am See
Druck und Bindung: Appl, Wemding

ISBN-13: 978-3-426-64295-5
ISBN-10: 3-426-64295-6

Printed in Germany

06 05 04 03 02 01

**Bitte besuchen Sie uns im Internet:
www.knaur-kreativ.de**